ESSAI GÉNÉRAL

SUR LA PAIRIE

EN FRANCE.

❋

Incessamment sous presse :

DE L'ÉDUCATION POPULAIRE;
COMMENTAIRES SUR LA CHARTE DE 1830.

IMPRIMERIE DE J. GRATIOT,
Rue du Foin St-Jacques, maison de la Reine Blanche.

ESSAI GÉNÉRAL
SUR LA PAIRIE
EN FRANCE,

CONSIDÉRÉE COMME CONTRE-POIDS POLITIQUE
ET COMME FRACTION DE LA LÉGISLATION,

Suivi de l'Examen de quelques Projets de Constitution
d'une Pairie ;

PAR B. DE LA MATHE,

ÉLÈVE DES ÉCOLES CENTRALES, AUTEUR D'UNE TRADUCTION EN VERS
DE L'ENFER DU DANTE (1825).

« Dans tout État politique il y a danger à ne pas
« prendre les choses comme elles sont. Songeons que
« les principes sociaux ne se font pas ; qu'ils s'acceptent
« comme des faits, et que l'habileté du législateur ne
« consiste pas à les violenter, mais à les constater. »

BÉRENGER, *Rapport sur la loi des Élections.*
(22 février 1831.)

Paris,

DELAUNAY, LIBRAIRE, PALAIS-ROYAL,
Péristyle de la galerie Valois.

15 JUIN 1831.

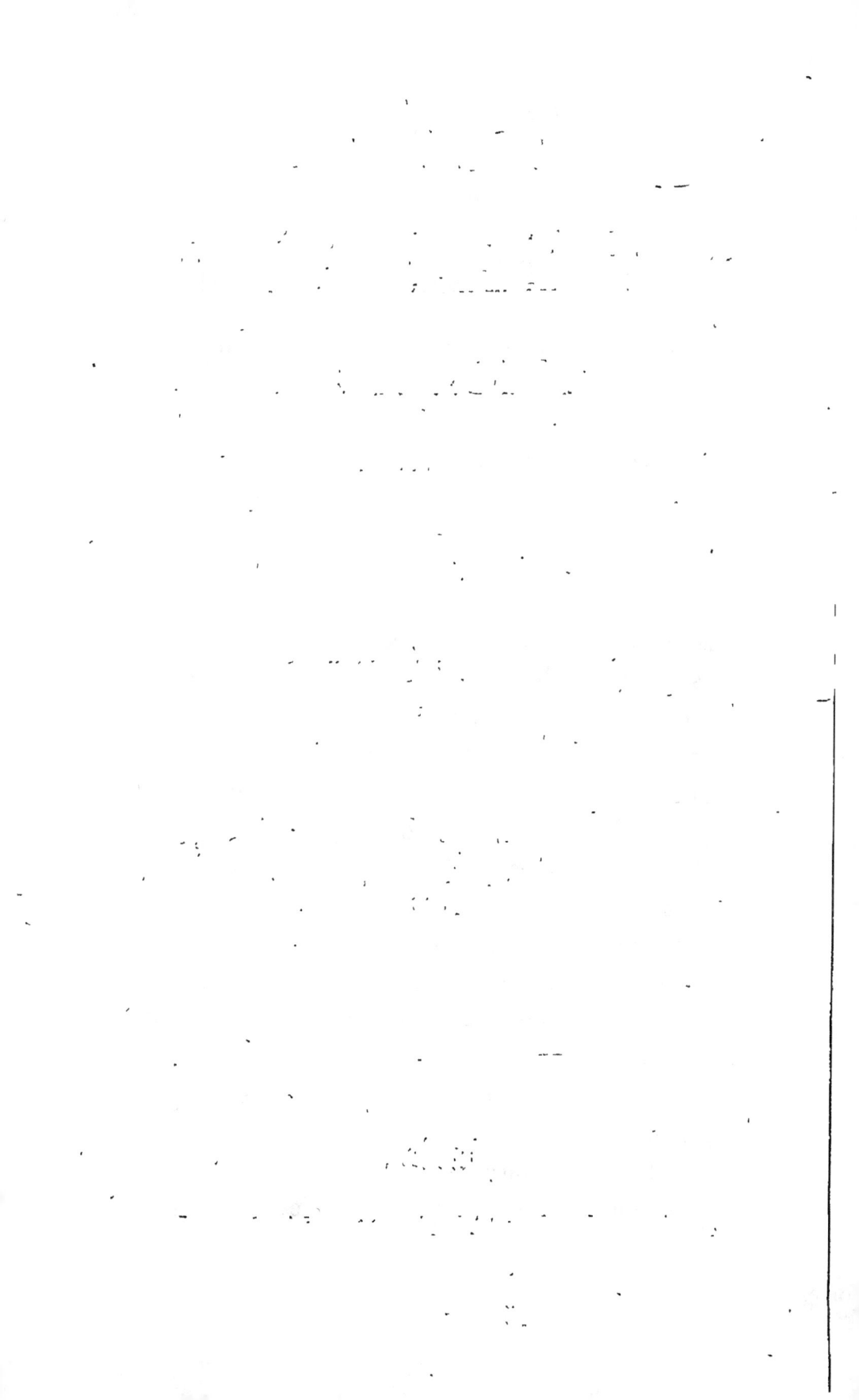

ESSAI

SUR

LA PAIRIE EN FRANCE,

CONSIDÉRÉE COMME CONTRE-POIDS POLITIQUE

ET

COMME FRACTION DE LA LÉGISLATION.

La question de la Pairie a été abordée dans plusieurs ouvrages. Je ne l'y ai pas trouvée résolue.

Ce que l'on a de mieux écrit sur ce sujet l'a été dans quelques journaux, mais dans des articles détachés, où l'on n'a pu examiner encore que quelques-unes des parties de cette question compliquée, celles principalement relatives à l'hérédité, parties séparées les unes des autres, qui n'ont pu être liées, ni coordonnées, ni former un corps de doctrine.

. Cet ouvrage qui me paraît manquer, j'ai voulu le suppléer, devançant ainsi les discussions qui vont s'engager.

Il y a trois questions dans la Pairie : de principe, de personnes et de circonstance.

La question de circonstance résulte d'un fait que l'on ne peut contester, et qui est que les olygarchies

I

étrangères tiennent à ce que l'olygarchie française, qui n'existe plus, ait du moins son fantôme nominal dans une chambre des Pairs. Je n'examinerai point si cette prétention est de droit, si elle est recevable, si nous devons nous y soumettre, ou nous y soustraire. Ces questions sont palpitantes et brûlantes ; et, dans un ouvrage de la nature de celui-ci, il est défendu d'y toucher.

Quant à la question de personnes, il faudrait examiner si l'esprit général des Pairs actuels est ou non contraire à nos institutions nouvelles ; si cet esprit se conservera dans leurs descendants, et si, par conséquent, l'hérédité ne préparerait pas des résistances ouvertes ou cachées, des luttes de ressentiment capables de maintenir un esprit d'irritation dans le pays, et peut-être d'entraver la marche des affaires. C'est là une question de faits, de conséquences éventuelles et peut-être de passion, dans laquelle nous ne voulons pas nous engager.

Reste la question de principe, et c'est la seule dont nous voulions ici particulièrement nous occuper, nous bornant à voir, indépendamment des circonstances et du mouvement des partis, si la Pairie est utile, comment elle peut le devenir, et quelle doit être son organisation pour qu'elle atteigne plus complétement un but d'utilité.

L'article 68 de la Charte de 1830 dit :

L'article 23 de la Charte sera soumis à un nouvel examen dans la session de 1831.

Voici cet article 23 :

La nomination des Pairs de France appartient au Roi : leur nombre est illimité ; il peut en varier les dignités, les nommer à vie ou les rendre héréditaires selon sa volonté.

Pour examiner cette question sous ses divers aspects, je la divise en trois titres :

I. DE LA PAIRIE CONSIDÉRÉE COMME CONTRE-POIDS POLITIQUE ;

II. DE LA PAIRIE CONSIDÉRÉE COMME FRACTION DE LA LÉGISLATION ;

III. DES DIVERSES MANIÈRES DE CONSTITUER UNE PAIRIE.

Je subdivise le premier titre, et je considère successivement :

1° *Quelle est la nature de notre gouvernement, indépendamment de la Pairie ;*

2° *S'il renferme en lui-même des forces suffisantes pour maintenir le repos, et, entre autres, le contre-poids politique nécessaire entre le Prince et la nation ;*

3° *Si dans la supposition qu'il ne renferme point ce dernier contre-poids, la Pairie peut y suppléer.*

Je subdivise aussi le troisième titre, et je traite séparément :

1° *De l'hérédité ;*

2° *De l'initiative, de la discussion et de l'adoption considérées dans chacun des trois pouvoirs ;*

3° *De la Pairie corps législatif réviseur, et de sa composition.*

TITRE I.

De la Pairie considérée comme contre-poids politique.

C'est sous ce premier rapport que la Pairie sera envisagée lors des discussions solennelles auxquelles elle donnera naissance.

S'appuyant sur les principes de quelques publicistes, vérifiés ou non par l'histoire, ne tenant aucun compte de la différence des temps, ni des forces sociales, ni des institutions actuelles, l'idée fixe d'un grand nombre de personnes est de trouver le soutien du trône là où il n'existe pas, de l'entourer d'une chimère éteinte, d'un fantôme évanoui, au lieu de l'environner des véritables forces qui peuvent le soutenir. Nous sommes, sous ce rapport, élèves de l'école féodale de Charles X. Dans les salons, aux chambres, dans les journaux, dans les brochures, partout, on représente la Pairie comme l'*équilibre*, le *rempart*, le *bouclier* naturel (ce sont les mots sacramentels) entre l'anarchie et le trône.

On ne peut douter de l'opinion de la Pairie sur son importance : la voici d'ailleurs manifestée par un des Pairs qui se disent les plus libéraux, M. de Montalembert :

« Je sens de plus en plus la nécessité, pour main-
« tenir l'*équilibre* dans l'État, de conserver à la
« Pairie sa force, son unité, son indépendance ; car
« le jour où la Pairie cessera d'être forte et indépen-
« dante, la France n'aura plus que le choix de l'anar-
« chie ou du despotisme ». (Séance du 29 janvier
1851).

Veut-on connaître quelle était l'opinion de la
chambre des députés de la session de 1830 ? Lisons
la profession de principes faite à ses commettans par
M. Gillon, l'un de nos plus éloquens députés, et l'un
des hommes les plus influens de la majorité :

« Je soutiendrai la Pairie comme l'indispensable,
« l'inébranlable *rempart* de la liberté et du trône. »

Cette opinion est tellement enracinée qu'elle est
partagée par ceux-là même qui combattent l'hérédité
de la Pairie. Dans une brochure écrite dans ce but,
on conclut à la nécessité d'une chambre haute, *corps
intermédiaire*, qui soit le *bouclier* entre le trône
et le pays.

C'est cette prétendue force de contre-poids politique qui donne à la Pairie tant d'importance ; c'est
elle qui va lui amener tant de champions et de défenseurs pris dans toutes les opinions ; c'est la cita-
delle où elle va se renfermer, s'y croyant inexpugna-
ble. C'est donc là qu'il me faut d'abord commencer
à l'attaquer ; et comme je prétends la suivre dans
tous ses moyens de défense, je donnerai des dévelop-
pemens à cette partie de mon ouvrage.

Je présenterai des considérations connues des uns, peut-être inconnues des autres, mais qui entrent dans le système général d'attaque. Souvent ce qui abonde ne vicie pas, et pour arriver plus sûrement au but, il faut quelquefois prendre le plus long.

CHAPITRE I.

De notre Organisation politique.

L'organisation rationnelle du corps social est semblable à celle du corps humain, où apparaissent deux principes bien distincts, la volonté générale et l'action : de là, le pouvoir législatif et le pouvoir exécutif.

Plus le nombre des volontés qui s'expriment est grand, plus le gouvernement marche selon le désir d'un plus grand nombre, plus il y a par conséquent de bien-être et de satisfaction dans les masses. Un plus grand nombre d'individus entre dans les avantages dont jouissait seulement un plus petit.

Il est donc certain que la philanthropie qui favorise également tous les hommes et qui voudrait voir mise dans l'organisation sociale leur égalité naturelle, doit désirer le gouvernement où le plus de volontés possible soient consultées.

En supposant qu'il y ait en France trente-deux millions d'individus, dont un sur cinq en état par son sexe ou par son âge d'exercer des droits politiques, nous aurons environ six millions de ces derniers; si sur cette masse il y a deux cent cinquante mille électeurs à la députation, ce sera un électeur sur vingt-quatre individus; s'il y a deux millions d'électeurs aux municipalités, ce sera un sur trois; même proportion à peu près pour la garde nationale.

A ne considérer que les affaires financières et de politique intérieure ou extérieure, il faut avouer que les deux cent cinquante mille électeurs qui les règlent par l'intermédiaire de leurs députés, paraissent au premier coup d'œil une aristocratie assez resserrée, un sur vingt-quatre.

Il arrivera une époque où nos passions politiques s'éteindront, où les lumières seront répandues davantage encore, où l'expérience ayant prouvé que les masses ayant et sachant ne sont pas perturbatrices, les pouvoirs constituants prendront plus de confiance: alors peut-être le corps électoral s'élargira de nouveau et dans des progressions successives. Jusque-là cette aristocratie de un sur vingt-quatre paraît être suffisante, surtout si l'on considère que les intérêts des deux cent cinquante mille électeurs sont également ceux des citoyens immédiatement au-dessous.

En effet, le citoyen qui pour être électeur doit payer 200 fr. de cens n'a pas plus d'intérêt à la chose publique que celui qui paie 199 fr., et celui-ci se confond avec celui qui paie 198 fr., et ainsi de suite, jusqu'à une certaine distance des prolétaires; d'où il suit que la représentation des intérêts n'a pas besoin d'être rigoureusement totale pour être complète. Il suffit d'arriver autant que possible à ce point, où ce qui a et ce qui sait suffisamment pour vivre et pour avoir intérêt à l'ordre, soit représenté.

D'un autre côté, pour juger de notre organisation, il ne faut pas en voir qu'une seule partie ; mais il faut considérer son ensemble; et si nous tenons compte des institutions des départements et des communes, juges inamovibles, jurys, gardes nationales avec leurs chefs électifs, nous serons forcés de convenir que nous avons une organisation sociale où la chose publique, *res publica*, est appelée de toutes parts, c'est-à-dire que nous sommes en *république*.

Il y a bien des sortes de républiques :

La république démocratique, où tout le peuple entre en action, comme dans certains cantons de la Suisse ;

Celle aristocratique, où un grand nombre de principaux gouvernent, comme étaient celles de la Grèce et de Rome;

Celle conventionnelle ; nous en avons eu un essai en 93 ;

Celle directoriale, comme en l'an 3 ;

Celle présidentielle, comme aux États-Unis ;

Celle olygarchique, comme en Angleterre ;

Celle monarchique.

L'anarchie n'est point une république ; le mot anarchie signifie une agglomération d'hommes , une puissance sans chefs , par conséquent sans lois et sans ordre. Il y a le peuple (*plebs*), mais il n'y a pas la chose (*res*).

La république cesse également au despotisme. Ici il y a souvent la chose (*res*), mais il n'y a pas le peuple (*plebs*).

Ces deux extrêmes se touchent.

Cherchons parmi tous ces gouvernemens quel est celui actuel de la France. Il n'est évidemment ni conventionnel , ni directorial , ni présidentiel , ni olygarchique.

Il est d'abord démocratique ou à peu près , si on le considère dans les gardes nationales et dans les électeurs aux départemens et aux communes. Ces droits sont communs à tant de citoyens qu'ils semblent l'être à tous. Du moins si la démocratie complète n'est pas là , on conviendra , quelle que soit la rigueur des termes , que l'on ne peut y trouver une aristocratie.

C'est sous un autre aspect que notre gouvernement est réellement aristocratique.

Le mot aristocratie renferme l'idée de la force , de la puissance , mises entre les mains des sages , des riches , des meilleurs , des plus utiles , des principaux enfin.

Il y a bien des degrés d'aristocratie depuis la moindre capacité sociale jusqu'à la plus haute , combinée avec la plus légère fraction de pouvoir jusqu'à la plus grande.

Le temps amène des changements, des modifications dans les capacités sociales; et ces capacités, entrant dans les droits politiques avec le consentement ou en dépit des gouvernants, forment successivement de nouvelles aristocraties.

Quelques personnes disent qu'il n'y a point en France d'aristocratie ; on l'a soutenu à nos tribunes. C'est se méprendre entièrement sur la nature des choses et la valeur des mots. L'erreur provient de ce que l'on ne voit d'aristocratie que celle féodale, nobiliaire, parlementaire ou cléricale de l'ancien régime.

Après la découverte de l'imprimerie et la chute des féodaux, les idées se sont répandues, les terres se sont partagées, les intérêts ont pris de la généralité.

Partie des éléments aristocratiques ayant disparu pour faire place à d'autres, ou ceux conservés s'étant modifiés, divisés, subdivisés, étendus sur un plus grand nombre d'individus, il s'est trouvé en France de nouvelles capacités qui cependant, faute de droits politiques, n'étaient point aristocraties. Or, le mouvement naturel des choses a voulu que le pouvoir politique et civil quittât ceux qui n'étaient plus les plus sages, les plus riches, les meilleurs, les plus utiles, les principaux pour aller se placer dans les catégories de ces capacités nouvelles.

L'existence de la nouvelle aristocratie française n'est donc point une théorie que l'on puisse com-

battre comme un système incertain et paradoxal,
ni une vaine utopie que l'on puisse refuser ou modifier, ni un accident que l'on puisse écarter. C'est un
fait qui ne pouvait être évité, qui est la suite des
choses et de la marche du temps, et que ni les re-
grets, ni les froissements, ni les complots intérieurs,
ni les armes de l'étranger, ne pourront détruire; c'est
une nouvelle position sociale qui doit vivre avec
toutes ses conséquences, c'est-à-dire avec sa supré-
matie, son influence, son égoïsme, son triomphe
et sa justice, favorisant qui la reconnaît et la caresse,
détruisant, renversant sans pitié qui la méconnaît
ou lui est ennemi.

Le grand tort de la dynastie déchue est de n'avoir
pas su distinguer ce fait, d'avoir voulu, avec une
témérité, une obstination, une fatuité de grand
seigneur, qui tenaient du délire, persister à retour-
ner en arrière pour y chercher les forces sociales,
vitales, coopérantes, nécessaires, protectrices, dans
les intérêts surannés et vermoulus des menins, des
évêques et des marquis, au lieu de les avoir prises
tout simplement et adoptées largement et avec
franchise là où elles étaient réellement, dans les
intérêts matériels, industriels et intelligents, dé-
veloppés par le temps, et mis au jour par le terrible
enfantement de notre première révolution.

Cette nouvelle force sociale, qui est la monnaie
de celle des anciens vassaux de la couronne, et de
celle des parlements, s'est divisée et subdivisée; elle

forme une aristocratie totale composée d'aristocraties diverses suivant la valeur des individus et la fraction de pouvoir qui leur est attribuée. Cette aristocratie est à la fois civile, judiciaire, politique, élective, et même, sous un certain rapport, héréditaire.

Civile, par les administrations communales et départementales ; judiciaire, par les juges inamovibles et les jurys ; politique, par les colléges électoraux et la chambre des Députés ; élective dans les conseils municipaux, dans partie des officiers de la garde nationale, et dans la chambre des Députés ; héréditaire, du moins en partie, dans les masses qui élisent. Si tout le monde peut obtenir accès dans les colléges électoraux, toujours est-il vrai de dire que le fils d'un homme riche ou d'un industriel a beaucoup plus de chances pour y rester que n'en a un prolétaire pour s'y introduire. Elle deviendra héréditaire en partie à la chambre des Députés, où déjà nous voyons reparaître les noms de quelques grands citoyens.

Elle est la plus naturelle, puisqu'elle surgit du sol et des intérêts matériels ; la plus riche et la plus intelligente, puisqu'elle est la tête de toutes les fortunes et de toutes les capacités ; la plus vaste, puisqu'elle comprend le plus d'individus ; la plus influente, car son essence est d'avoir une action puissante sur les masses.

Notre gouvernement, essentiellement aristocratique par la foule des organes politiques ou civils qui y sont établis, est monarchique par la présence d'un Roi héréditaire, qui a sa part dans la législation et tout le pouvoir d'exécution ; monarchie qui se trouve être républicaine par l'intermédiaire d'une aristocratie si vaste qu'elle se confond avec les intérêts populaires.

On sait le propos du général La Fayette : « *Nous avons la meilleure des républiques.* » -

« J'appelle république , dit J. J. Rousseau , tout
« état régi par la loi, sous quelque forme d'admi-
« nistration que ce puisse être ; car alors seulement
« l'intérêt public gouverne, et la chose publique est
« quelque chose. Tout gouvernement légitime est
« républicain. Je n'entends pas seulement par ce mot
« une aristocratie ou une démocratie , mais en gé-
« néral tout gouvernement guidé par la volonté gé-
« nérale qui est la loi. Pour être légitime , il ne faut
« pas que le gouvernement se confonde avec le sou-
« verain , mais qu'il n'en soit que le ministre ; alors
« LA MONARCHIE ELLE-MÊME EST RÉPUBLIQUE. »
(*Contrat social.*)

Il est sans doute inutile de rappeler que J. J. Rousseau entend par *la loi* ou par *le souverain* la volonté générale ; et par *légitime* ce qui est dans le sens de la loi, et non pas ce qui est dans le sens du droit divin.

Je n'ignore pas cependant que Montesquieu, dans sa division des gouvernemens , a distingué la république de la monarchie ; Jean-Jacques est mieux entré selon moi dans la définition du mot.

Quoi qu'il en soit, ce mot de monarchie républicaine aura bien de la peine à pénétrer une foule
d'esprits prévenus par leurs idées ou sous l'atmos-
phère des préjugés qui les environnent. Ceux qui
le combattent le plus sont les partisans du gouvernement déchu qui, débordés par la chose, se conso-
lent en refusant le mot, et qui tout en jetant les hauts
cris de ce que les lois populaires envahissent tout,
nient cependant avec la même violence que le peuple
entre dans les lois.

Notre gouvernement est donc à la fois démocratique, aristocratique et monarchique; c'est selon
toutes les théories et toutes les expériences, et pour
les grands États, le meilleur des gouvernements.

CHAPITRE II.

Si notre organisation politique a tous les moyens suffisants d'empêcher les agressions réciproques, et si notre aristocratie
renferme en elle-même l'intermédiaire nécessaire entre elle
et le Prince.

Comme nous voici dans les voies d'un nouveau
gouvernement où beaucoup d'intérêts, beaucoup
d'hommes sont mis en action, et où doit se déve-
lopper un mouvement continuel, il est naturel que
beaucoup de personnes craignent des désordres em-
portant la nécessité de quelque force sociale prépon-

dérante, qui, par l'effet de son contre-poids politique, soit capable de s'y opposer.

Examinons avec soin cette partie de la question ; et, pour la voir sous toutes ses faces, divisons le corps social dans ses principales parties, opposons-les les unes aux autres, et voyons où la collision pourrait s'engager.

Les classes les plus infimes de l'ordre social, les *prolétaires*, c'est-à-dire les hommes qui ne sont propres qu'à donner des forces matérielles, des enfants à l'état (PROLETARII *qui nihil reipublicæ exhibeant, sed tantùm* PROLEM *sufficiant. Nonius Marcellus*), sont généralement, malgré les exceptions, et par la nature des choses, ennemis nés du reste de la société ; la dépendance, l'instinct de l'égalité naturelle au milieu de toutes les inégalités sociales ; la faim, à l'aspect de toutes les superfluités de la vanité et du luxe ; les dédains, l'arrogance, l'injustice de leurs supérieurs, les tiennent en état de convoitise, d'envie et de ressentiment contre ceux qui jouissent de la liberté et de tous les avantages d'une existence ou opulente ou suffisante.

Leur sort est moins cruel en France que dans beaucoup de pays. Aucune carrière ne leur est fermée. Les lois civiles les protègent à l'égal de qui que ce soit, et ne veillent pas moins sur le valet de ferme que sur le propriétaire et le fermier.

Quoi qu'il en soit, cette masse n'en est guère moins redoutable que dans d'autres pays ; mais elle est dis-

séminée sur un vaste territoire; elle est sans points
de contact, sans moyens de s'entendre ; ceux-ci
abrutis par l'ignorance ne conçoivent pas un changement d'état ; ceux-là calmeront leur effervescence
à l'aspect du plus petit avantage, même éloigné, qui
leur sera offert ; d'autres seront effrayés à la menace
du moindre châtiment. Les plus audacieux sont con-
tenus par la sévérité des lois. Ils ne sont que les brins
dispersés du faisceau.

Cette masse ne peut donc rien , absolument rien
par elle-même, et n'est redoutable que quand des
chefs habiles viennent en animer telle ou telle fraction, dans telle ou telle localité, et la diriger vers tel
ou tel but.

Mais quels seront ces chefs?

On n'ignore pas que parmi les hommes qui ne sont
pas prolétaires , et qui cependant n'ont pas de capacités suffisantes pour être hommes politiques ou civils , il en existera qui envieront ces titres, et qui seront toujours disposés à les obtenir violemment. Ces
hommes combattront sur les limites de notre aristocratie pour l'élargir, l'étendre jusqu'à la démocratie,
gens quelquefois utiles en ce qu'ils sont le contre-
pied de ceux-là qui voudront la restreindre. Mais,
dominés quelquefois par ce sentiment excusable
d'émulation, ils cacheront souvent, sous ce prétexte,
une ambition dangereuse et désorganisatrice. Or ils
ne trouveront pas d'appui même dans la masse des
hommes de leur catégorie, fraction nécessiteuse,

avare du peu qu'elle a, et qui sait que c'est par l'ordre, la fixité, le *statu quo* qu'elle peut seulement faire fructifier pour vivre les capacités dont elle est douée.

L'action de ces ambitieux et de certains autres plus puissans qui les dirigeront secrètement, sera donc à peu près restreinte à celle qu'ils exerceront sur quelques adeptes, et surtout sur les prolétaires dont ils exploiteront l'ignorance, en l'enrôlant sous la bannière trompeuse de l'égalité et de la liberté absolues.

Mais alors toutes les autres forces sociales s'armeront contre cette révolte, qui compromet à la fois les intérêts matériels et politiques de tout ce qui a valeur dans la société. Ce sera le combat de la majorité qui a les idées, l'argent et les armes, les lois, l'union, la communauté d'intérêts, contre quelques factieux faciles à désunir et même à éclairer. Ce qui s'est passé en octobre, décembre et février derniers et depuis, a donné la mesure de tous les résultats qu'obtiendraient des agitateurs.

- Alors les passions étaient dans leur plus haut degré d'effervescence ; les hommes de juillet étaient toujours armés, et pensaient qu'ils n'avaient pu en trois ou quatre mois avoir perdu ce qu'on appelait encore leur puissance souveraine. Par un projet de loi qui semblait n'avoir d'autre but que d'enlever quatre hommes à leur vengeance ; par la sorte d'ovation faite imprudemment par des prêtres au jeune duc de Bordeaux, on avait fourni des prétextes à leur ressentiment, et cependant tout cela s'est terminé

2

sans coup férir. Les masses d'ordre et de repos ont marché devant elles, et tout a été fini. Il y a donc dans notre organisation un principe d'ordre et une puissance, gardes nationaux et tribunaux, suffisants pour maintenir les passions, de quelque nom qu'elles se couvrent, et quelques forces qu'elles mettent en mouvement.

Remarquez que je ne nie point la possibilité de mouvements populaires. Il y en a eu, et il y en aura encore. Je dis seulement qu'il y a moyen de les réprimer.

Si nous remontons plus haut, nous verrons facilement que les diverses fractions de la société, placées entre les prolétaires et l'électorat, ne peuvent se combattre entre elles, car elles s'enlacent, se confondent; la garde nationale, par exemple, les comprend toutes.

. Mais ces diverses classes, c'est-à-dire, l'aristocratie civile et tous les gens ayant ou sachant, le peuple enfin, entrera-t-il en collision avec l'aristocratie politique, c'est-à-dire, avec l'électorat? Qu'attaquerait-il? ses biens? il en a comme elle; ses prérogatives? elle n'en a pas; les lois sont égales pour tous; ses priviléges? elle n'en a d'autres que ceux qui sont écrits dans la loi, qui sont justes, légitimes, et auxquels tout citoyen, avec de l'intelligence, du travail, du temps, et de l'économie, peut parvenir; d'ailleurs, en l'attaquant, chacun attaquerait ses propres droits; car n'a-t-il pas aussi

accès dans cette aristocratie , et un accès souvent
si facile qu'il dépend d'un modeste héritage , d'une
industrie heureuse ou d'une alliance.

D'un autre côté , l'aristocratie politique n'a rien
à envier à cette fraction du corps social dont nous
parlons , puisqu'elle se trouve naturellement placée
à la tête de l'aristocratie civile , et par conséquent
de tout ce qui la suit.

En remontant toujours , nous arrivons à discuter
la possibilité des combats qui peuvent s'engager entre l'électorat et le prince (j'entends par le *Prince,*
le Roi et le gouvernement) ; mais il faut d'abord bien
reconnaître quel serait le but de la lutte.

Rappelons-nous que la nature de notre organisation établit deux principes distincts ; la volonté
souveraine , résultant du conflit de tous les intérêts
particuliers , et le mouvement d'action imprimé par
le prince au corps social suivant l'expression de
cette volonté. Ces deux principes doivent être séparés l'un de l'autre , c'est-à-dire , ne point se con-
fondre , quoique s'attachant et se liant fortement.
Si la volonté souveraine doit laisser intact le jeu de
la puissance d'action , celle-ci doit laisser intact le
jeu de la volonté souveraine. Chaque fois que l'un
usurpera sur l'autre , il y aura confusion , dommage,
lésion , dans les organes sociaux.

Or , c'est le désir de réunir ces deux pouvoirs ,
qui peut seul provoquer un combat. L'aristocratie
politique peut vouloir combattre pour envahir les

2.

droits du prince, le prince pour envahir ceux de l'aristocratie.

Mais, d'abord, cette aristocratie politique est trop large, trop nombreuse, trop mobile, pour trouver dans des usurpations sur le prince des avantages dont puissent profiter particulièrement les individus qui la composent, et chaque individu étant sans intérêt dans le combat, la masse ne peut y en avoir.

Les aristocraties populaires, en termes généraux, n'ont ni la prudence ni la suite, qui exécutent un long projet.

Elles sont craintives, obséquieuses, modérées. Pour attaquer le pouvoir, il faut qu'elles soient entièrement dans leur droit, et qu'on les pousse à bout. Au milieu même de nos deux révolutions, c'est comme malgré elles qu'elles se sont armées, la première fois contre une fraude timide, il est vrai, mais continuelle et insupportable ; la seconde contre un parjure éclatant qui a dû ouvrir les yeux les mieux fermés, et faire entrer dans le mouvement les plus modérés. Le mercredi 28 juillet même, au milieu du massacre de la capitale, elles avaient effroi de leur triomphe et voulaient encore transiger avec le pouvoir.

Mais si le corps électoral ne peut devenir hostile contre le prince, on ne voit guère d'abord comment la chambre des députés peut l'être davantage, car cette chambre n'est que la tête de ce corps politique, et la tête n'agit point contre le vœu du corps. Cependant quelques faits particuliers qui ne dépendaient sans doute que de circonstances difficiles, et qui doivent désormais ne se présenter que rarement, peuvent faire craindre que des collisions ne s'établissent entre la chambre des députés maîtresse de l'impôt, et le prince maître des forces publiques ; que cette aristocratie, fondée pour cinq ans et rééligible, ne devienne entre-prenante, et ne se laisse entraîner à la voix d'orateurs éloquents ou fougueux ; que, dans de certaines cir-constances, elle ne soit hostile aux droits légitimes du prince, soit en lui imposant des lois qui lui soient contraires, soit en empiétant sur le pouvoir d'exécu-tion qui doit lui rester à lui seul.

Des faits analogues ont prouvé d'un autre côté que le prince, j'entends toujours par ce mot la royauté et le gouvernement, peut vouloir substituer ses désirs, ses caprices, ses théories politiques, ses volontés particulières, ses passions, celles de ses favoris, aux besoins vrais et légitimes de la nation, attaquant ainsi et l'aristocratie et le peuple.

Dans l'une de ces deux circonstances, ou dans toutes les deux, réagissant l'une sur l'autre, il y a division, équilibre rompu entre les deux principaux organes de l'état. Il est donc hors de doute qu'il faut un arbitre pour les départager, un contre-poids pour les équilibrer.

Mais notre organisation, sans y comprendre une Pairie, présente cette force inconnue aux autres mo-narchies. C'est un nouvel appel à l'aristocratie électo-rale qui, en formant une nouvelle chambre, devient

juge entre ses représentants et le gouvernement (1).

Il n'est personne qui ne connaisse ce mécanisme de notre organisation mis depuis quinze ans plusieurs fois en action, et qui a amené un changement de système au 5 septembre, puis la chute du comte de Villèle, puis celle du ministère Polignac, ensemble celle de Charles X qui n'a pas voulu s'en séparer.

Voilà donc la chambre en collision avec le prince. Elle lui fait craindre un refus d'impôt. Le prince casse la chambre, et fait un nouvel appel au pays.

Qu'arrive-t-il alors ?

Ou la chambre nouvelle entre dans les vues du prince ; alors le pays déclare par son organe ses premiers mandataires ou factieux, ou incapables ; où elle confirme leur arrêt en condamnant l'avis du prince : dès lors la dernière chambre agissait d'accord avec les besoins du corps social, et le système du gouvernement était mauvais ; car le gouvernement, dont le devoir est d'agir dans le sens des intérêts des gouvernés, ne peut jamais avoir raison contre l'expression légitime de ces intérêts.

Alors le prince doit suivre le mouvement donné

---

(1) J'ai dit que cette force était inconnue aux autres gouvernements, bien que je sache qu'elle entre dans la constitution anglaise ; mais jusqu'ici la corruption de nos voisins l'a rendue assez vaine ! nous verrons ce qu'elle va devenir dans la grande action de la réforme parlementaire.

par le pays : hésiter est une faute ; refuser est un crime qui quelquefois amène une insurrection comme en juillet. Tout autre insurrection qui n'est pas soutenue par la volonté et le mouvement de tout le corps électoral, et qui n'est que locale et l'effet d'une opinion particulière, est un crime qui doit être réprimé.

En vain dira-t-on que les masses électorales se laisseront entraîner aux exagérations et aux violences de quelques écrivains et de quelques députés. Ces exagérations ne sont influentes que quand il y a un principe de mécontentement dans la nation ; elles sont alors en harmonie avec la tendance de réaction qu'amènent une attaque et des prétentions injustes. Alors elles servent le pays en l'éclairant, le fortifiant, l'excitant contre la tyrannie, comme elles ont fait sous Charles X, le forçant à se démasquer et à en finir une bonne fois. Mais ces mêmes exagérations tombent d'elles-mêmes, tournent contre elles-mêmes chaque fois que le pays n'étant tourmenté ni dans ses droits, ni dans ses amours-propres, ni dans ses intérêts matériels, elles ne trouvent aucune sympathie qui puisse les adopter et les nourrir.

Le corps intermédiaire, pondérant, tiers arbitre entre le corps électoral et le prince, est donc une nouvelle chambre qui, je le répète, rallie, équilibre, départage les deux parties : il sort de là nature des choses ; il est rationnel, légitime ; c'est un nouvel appel que l'homme, balancé entre des intérêts et des opinions contraires, fait à sa raison plus réfléchie.

Ce corps intermédiaire a toutes les capacités nécessaires pour compléter son mandat. Sous l'influence des intérêts matériels qui ne trompent jamais, sa résolution est la vérité. Il exprime cette
résolution par une action légale, ordonnée, suffisamment puissante, et qui ne laisse rien à désirer
dans son origine, ses développements et son influence.
Son action n'a d'autre effet que de changer quelques
hommes, ministres ou députés, et ne laisse aucun
ressentiment légitime ni possible entre ceux qui
restent et ceux qui entrent. A plus forte raison n'en
laisse-t-il point entre le trône et la nation faits pour
être d'accord comme l'action humaine avec la volonté.

C'est donc ainsi que la nature des choses a
résolu chez nous ce grand problème d'ordre politique, qui consiste à trouver dans le corps social
une force qui vienne empêcher le trouble et maintenir le *statu quo*. Si donc les théories et plusieurs expériences s'accordent pour montrer que les
diverses parties de notre organisation s'opposent
les unes aux autres, se servent de contre-poids pour
empêcher toute collision possible ; que là seulement
où la collision pourrait s'engager, il y a moyen répressif, légitime, direct, infaillible, on ne voit
pas la nécessité de chercher ce moyen répressif en
dehors de ces institutions ; et si, me trompant dans
mes conséquences, un autre contre-poids politique
était nécessaire, il faudrait voir si une Pairie pourrait en servir ; c'est ce que je vais examiner.

CHAPITRE III.

Comment la Pairie française a jamais servi de contre-poids politique, et si désormais elle peut en servir.

Après avoir établi quelle est, indépendamment de la Pairie, la nature de notre organisation, et après avoir prouvé qu'elle s'équilibre d'elle-même, renfermant ainsi son contre-poids politique, je prends la question sous un autre aspect, et j'examine si, en cas d'insuffisance de ce contre-poids, la Pairie peut le compléter.

J'appuierai d'abord sur la division fondamentale de la Pairie en contre-poids politique et en partie de la législation. Considérée comme contre-poids politique, comme devant protéger le trône contre la nation et la nation contre le trône, elle devrait être force matérielle, numérique, territoriale et privilégiée, non de priviléges imaginaires, disputés ou éteints, mais de priviléges réels, consentis et vivants. Elle devrait enfin réunir en elle toutes les supériorités de tout genre que l'homme social peut avoir sur l'homme social. Considérée comme partie de la législation, elle doit simplement agir sur la confection des lois. Elle peut être nécessaire sous un de ces rapports sans l'être sous l'autre ; de sorte que si nous sommes amenés à préciser sa valeur comme contre-poids politique, la question de son importance comme fraction de la législation restera encore à résoudre.

On reste donc bien averti que tout ce que je dirai de la Pairie dans ce chapitre, ne doit être entendu que de la *Pairie considérée comme corps pondérant*, et que si je l'attaque, la reconnais nulle, la détruis, ce ne sera que *sous le rapport de cette pondération*.

Si nous consultons l'histoire du cœur humain et celle des nations, elles nous montreront que ces corps olygarchiques, sénats privilégiés, n'ont jamais servi de *bouclier* ni de *rempart* entre le prince et le peuple ; mais que bien au contraire ils ont été une arme dirigée contre l'un ou l'autre, souvent contre tous les deux à la fois, ne faisant trève ou alliance avec l'un que pour accabler ou du moins affaiblir l'autre.

En termes généraux, et à l'inverse des aristocraties populaires, les corps olygarchiques constitués prennent nécessairement ce qu'on a si bien appelé l'esprit de corps. Ils se ferment, s'isolent, deviennent individu, avec toutes les conditions de nécessité, de croissance, de développement, d'envahissement qui existent dans l'individu.

Resserrés dans un petit nombre de privilégiés, ils peuvent, dans chacun des individus qui les composent, profiter de leur ambition, et deviennent en quelque sorte solidairement ambitieux ; de là dérive une tendance à des usurpations, soit sur le trône, soit sur le peuple, et par conséquent un état presque permanent d'hostilité.

Héréditaires, ils transmettent leurs ambitions, et savent concevoir, suivre, remettre, reprendre et conduire à fin un projet.

Cet état d'hostilité ne s'affaiblit qu'avec celui de leur force ; alors de maîtres ils deviennent sujets, mais sujets d'un seul pour opprimer tous les autres. Ils vendent leur liberté au trône pour que le trône leur vende celle du peuple, et secondent la tyrannie et le despotisme pour en partager les profits ; quelquefois aussi ils se liguent avec le peuple pour abattre le pouvoir, et pour s'en approprier le plus de débris possible.

Sans examiner ce que furent ces corps à Rome, en Grèce et dans les autres pays, voyons seulement, mais rapidement, ce qu'ils se sont montrés chez nous.

Les sept premiers pairs de France, ducs de Bourgogne, d'Aquitaine, comte de Flandre, etc., avaient leur territoire comme les rois avaient le leur. Ainsi que les rois, ils battaient monnaie, tenaient leur justice, faisaient leurs lois et régnaient sur des vassaux, qui régnaient sur d'autres. Égaux du roi en puissance, ils étaient ses véritables *pairs*, comme ils étaient *pairs* entre eux, et se bornaient seule-

ment à lui prêter foi et hommage, et à relever de
lui, ce qui ne les empêchait pas de lui faire la
guerre.

Telle fut la première pairie, celle féodale.

Il faut voir dans Thouret, abrégé digne de Tacite,
avec quelle adresse les rois parvinrent à détruire
cette puissance rivale, et à faire un corps aggloméré
de tant de provinces séparées.

Depuis, la Pairie changea de forme et ne cessa de
décroître de puissance et de considération.

Quelques clercs, hommes importants dans leur
siècle, parce qu'ils savaient lire et écrire, introduits
dans les cours de justice féodale, s'investissant à tout
jamais de droits passagèrement concédés, et en usur-
pant insensiblement d'autres, parvinrent, en plusieurs siècles, à fonder un corps politique et judiciaire, la Pairie parlementaire, dans lequel prirent
rang de grands seigneurs, de grands officiers de la
couronne et des princes du sang : seconde époque de
la Pairie.

Pour juger de l'effet réel de ces prétendus corps
intermédiaires, il n'y a qu'à considérer quel fut sous
leur influence le sort des peuples et des rois. Jamais
les peuples ne furent plus abrutis et plus misérables
que sous la Pairie féodale; ils appartenaient au seigneur dans leurs biens, leurs personnes, leurs familles, l'honneur de leurs filles. Jamais les rois ne furent plus faibles, plus insolemment avilis; jamais
révolutions plus terribles, plus sanglantes ne déchi-

rèrent la patrie, guerres civiles, d'intérêts matériels, de pouvoir ou de religion.

Sous la Pairie parlementaire les malheurs de l'empire eurent sans doute moins d'intensité, mais cela provenait de ce que cette Pairie avait moins de force, et que de toutes parts le peuple et le prince entraient dans la connaissance ou l'exercice de leurs droits. Cependant l'action politique des parlements sur la cour fut constamment tracassière et hostile; ils allèrent jusqu'à casser les testaments des rois, à vendre le trône de France à un prince anglais, et terminèrent par les guerres de la Fronde. Leur action sur le peuple était toute féodale; ils étaient seigneurs, ils avaient des sujets et toutes les prérogatives que ce mot comporte.

Quant à leurs arrêts, ils ne furent pas toujours justes ni exempts de partialité. Nos tribunaux appliquant une loi faite à l'avance, sur un délit constaté par les pairs de l'accusé et rendant des jugemens censurés par une haute cour de cassation, offrent infiniment plus de garantie.

L'esprit particulier des individus qui composaient ces corps politiques n'était cependant pas toujours aussi mauvais que l'esprit général du corps entier. On sait que de temps à autre des membres des parlements ont individuellement opposé leurs lumières et leur courage aux prétentions des grands, aux dilapidations de la cour, aux séditions populaires. Plusieurs de ces magistrats marchèrent sur les traces de ce Molé, ce père du peuple, qu'estimait si fort Anne d'Autriche, et à qui le cardinal de Retz donnait autant de courage qu'au grand Condé ; mais les bienfaits qu'il ont répandus sur la nation n'ont été que rares et contestés, et emportés nécessairement par l'action totale et générale de la compagnie.

Une nouvelle époque de la Pairie va s'ouvrir ; c'est lorsqu'elle cessa son action hostile contre le trône, après l'issue des guerres de la Fronde. Des deux fractions qui la composaient, la noblesse d'épée, cédant au génie de Louis XIV, perdit son audace dans des intrigues de tabouret et de tapis de pied ; et ce grand Condé, qui avait été seul maître de Paris, fit antichambre à Versailles : la noblesse de robe devint d'une telle déconsidération et d'une telle faiblesse, qu'elle se dispersa à l'aspect du prince qui, revenant de Vincennes, entra au parlement un fouet de poste à la main.

En 1789, aux premiers dangers des prérogatives du trône, elle disparut à la voix d'un conseiller demandant la convocation des États-Généraux.

Elle était morte de fait dans nos mœurs, dans son organisation, dans ses forces, avant que la Constituante en effaçât jusqu'au nom.

Il se présente ici, en faveur de la Pairie, une objection très futile au fond, mais très grave en apparence, et que je passerais sous silence, si, répétée chaque jour, elle n'exigeait une réfutation. Je hais les longueurs : je voudrais les éviter ; mais le sujet m'enveloppe, et je dois me faire jour de toutes parts.

Dans nos salons, à nos tribunes, dans les brochures ; on blâme la Constituante d'avoir rejeté une seconde chambre, une chambre haute, une Pairie. De ce rejet on fait la cause des malheurs de la révolution, et particulièrement du premier renversement de la dynastie. De là l'on conclut la nécessité du rétablissement d'une institution, défenseur du trône qui a croulé pendant son absence.

Je lis, par exemple, dans un discours tout récent de M. le baron Mounier :

« Les évènements justifièrent trop la sagesse de
« la minorité si faible de nombre, qui voulait deux
« chambres (89 voix contre 911). La France pous-
« sée par les factions d'écueil en écueil, a dû essayer
« tous les systèmes avant d'atteindre au but que
« quelques hommes lui avaient d'abord montré. » (1)

Il est à remarquer d'abord, que les hommes et les théories qui blâment la Constituante de n'avoir pas créé ce pouvoir soi-disant conservateur et pondérant, sont précisément ceux qui en ont, en grande partie, empêché la création.

Écoutons un historien véridique, et qui vit tout par ses yeux, *Rabaud de Saint-Étienne* :

« Le haut clergé aurait voulu deux chambres
« dans l'espoir de tenir rang dans la haute. Une
« bonne partie de la noblesse y inclinait aussi.
« Mais la question de la Pairie se présentait à leur

---

(1) Chambre des Pairs, 15 octobre 1830.

« esprit, et dès lors ils étaient divisés ; car la no-
« blesse de province entendait que l'ordre entier
« nommât librement ses représentants ; et la noblesse
« de la cour pensait secrètement que les dignités de
« la Pairie devaient lui être dévolues. Enfin, un
« grand nombre de gentilshommes craignaient que,
« par quelque mode imprévu, la haute chambre ne
« fût composée des membres de leur minorité, qui
« s'étaient librement réunis à l'assemblée nationale.
« Quant au clergé, il s'y trouvait également scission.
« Le haut clergé voulait une Pairie espérant y entrer :
« ceux des curés qui n'étaient pas dévoués à leurs
« évêques penchaient pour l'unité de l'assemblée. »

Il est curieux de voir tous ces intérêts aristocratiques, divisés ainsi par leur égoïsme, s'entravant
les uns les autres et rendant impossible l'institution
qu'ils réclamaient, et qu'ils disent maintenant avoir
pu seule les sauver.

Mais supposons que cette chambre, dont ne voulait personne ni ceux qui en auraient pu faire partie,
ni la Constituante (9 sur 1), ni le peuple, que le
mot de Pairie ou seulement de Sénat indignait et
qui était armé, eût été cependant créée selon l'avis
du père de M. le baron Mounier et de ses amis, qu'en
serait-il résulté ? c'est qu'elle eût été immédiatement
détruite.

La Législative et la Convention ne se sont-elles
pas sans cesse scindées en fractions et factions de
droite et de gauche, et ces factions n'ont-elles pas

sans cesse succombé l'une sous l'autre? Croit-on que la Convention eût épargné une chambre séparée d'elle, plus qu'elle n'épargna ses propres membres? Et une Pairie sans soutien parmi le peuple eût-elle évité le sort des Girondins, par exemple, mandataires du peuple?

Elle était donc tellement en dehors des intérêts du corps social, que le corps social en entier la rejetait; c'est là aussi un vote : celui de la marche du temps et des lumières.

Mais, enfin, si cette découverte d'une Pairie, comme moyen de sauver le trône, eût été d'une efficacité aus si certaine que le prétendent ces adeptes des prophètes de la minorité, il est bien évident que cette efficacité a dû se manifester lorsque le trône, replacé dans des dangers analogues, s'est vu entouré de cette même Pairie.

Nous avons vu ce qui en était avenu en 89. Voyons 1814 et 1830.

La Pairie détruite sous Louis XVI, reprend, devenue sénat, importance sous Napoléon; mais comment en use-t-elle? Ce sera, sans doute, réalisant l'espoir de M. Mounier, pour défendre le peuple livré au prince, ou le prince abandonné par le peuple? C'est pour ravir peu à peu au peuple les libertés qui lui restaient. Napoléon tombe, elle lui marche sur le corps; Louis XVIII paraît, elle stipule pour ses dotations.

Louis XVIII la reconstruit à grands frais; son

successeur la sature d'éléments monarchiques, et cependant qu'a-t-elle fait? A-t-elle empêché les dé-
plorables ordonnances et leurs conséquences? La
révolution des trois jours, représentée par quelques
jeunes gens ayant un drapeau tricolore à la main,
lui fait visite à la porte du Luxembourg pour lui
montrer seulement sa présence, et la voilà paralysée
et sans action possible. Elle est scindée par quelques
mots écrits sans son concours par des hommes sans
mandat; puis se scinde elle-même, et réduite à moitié, signant le nouveau pacte élaboré ailleurs, donnant son adhésion à la déchéance de la dynastie qui
l'avait instituée, dotée, honorée, elle voit maintenant son existence à la merci de nos théories.

Voilà ce que M. Mounier dit : *avoir atteint le
but que quelques sages avaient montré à la
France!* voilà ce qu'on appelle *équilibre, pondération, bouclier, rempart!*

Et remarquez bien que les fauteurs de la Pairie
tirent leur principal, peut-être leur seul argument,
de la nécessité de cette institution pour renforcer le
trône contre le peuple. Mais le raisonnement et l'expérience éternelle des faits montrent qu'elle n'a jamais
secouru le trône; à quel titre, par quel vertige, les
idées routinières viennent-elles établir qu'il faut une
Pairie pour défendre Philippe et sa dynastie contre
un corps électoral qui est tout, qui s'étend sur tout,
contre une puissance inévitable, qui menaçante et
peut-être terrible encore, si Philippe s'opposait au

mouvement qu'elle imprime, ne cessera-de le protéger et de le défendre lui et sa dynastie, tant qu'il
se mettra et se maintiendra à la tête de ce mouvement? Ne voilà-t-il pas la branche cadette bien
étayée par un corps en dehors de la nation, dont
la nation ne veut pas, dont elle veut abattre les
derniers débris, et qui n'a pu soutenir un moment ni
Louis XVI, ni Napoléon, ni Charles X !

Mais reprenons nos discussions et poursuivons nos
adversaires jusque dans leurs derniers retranche-
ments.

On dit en faveur de la Pairie de la restauration
qu'elle s'est opposée à de mauvaises lois, qui, éma-
nées de la cour avaient été adoptées à la chambre
des députés, et que, par conséquent, sa force intermédiaire ne peut être méconnue. Je ne nierai point
les services qu'elle a pu rendre; je sais que par le
refus du droit d'aînesse et d'autres résistances,
elle est venue au secours de la monarchie qui se
perdait. Mais, malheureusement, on peut croire
qu'elle songeait plus encore à soutenir un état
de choses dont elle dépendait, qu'à protéger
l'opprimé contre l'oppresseur. Il n'est aucun de
nous qui ne se rappelle que c'est cette même chambre
qui a condamné Ney, qui a voté les terribles lois de
la chambre introuvable, celle des substitutions, celle
du sacrilége, celle de l'indemnité, et que c'est à ses
soins qu'est dû le double vote, première atteinte aux
droits électoraux, de même que les dernières attaques

contre les mêmes droits étendus par la nouvelle loi électorale.

Mais en supposant qu'elle ait eu quelque utilité, qu'en conclure en faveur de sa force matérielle, résistante, de sa pondération? Cette influence dans la confection de quelques lois rentre dans la question de sa valeur comme partie de la législation, question que j'ai distinguée de celle de sa pondérance dans l'équilibre des pouvoirs, et que j'examinerai plus loin. Elle a corrigé des lois, mais elle n'a pas opposé de force pondérante et décisive à l'usurpation faite par le trône, ni à la résistance du peuple, devenue bientôt une attaque. Enfin, elle n'a point empêché, et on ne comprend pas seulement comment elle aurait eu le moindre pouvoir pour empêcher juillet.

D'ailleurs, la circonstance de cette résistance à de mauvaise lois accueillies par la chambre des députés dépend d'une position particulière. La représentation nationale était plus que suspendue : elle était faussée ; les intérêts féodaux, ultramontains, absolutistes, y avaient été appelés. Or, l'état de notre législation électorale est tout-à-fait changé. Une chambre des députés ne peut plus être spécialement dévouée à tel ou tel ministère ; elle ne peut plus qu'avoir action dans le sens de la chose publique et des intérêts généraux. Il s'ensuit qu'une Pairie n'aurait plus occasion de s'interposer en faveur de ces mêmes intérêts. Si en effet le trône prend l'initiative pour attaquer les droits ou les mœurs de la nation, cette attaque viendra mourir dans la chambre des députés elle-même.

Mais on dira encore que la Pairie s'opposera aux attaques de la chambre des députés contre le trône. Nous avons montré qu'il y avait dans le corps électoral lui-même un remède indépendant de la Pairie, et nous montrons maintenant que la Pairie ne pourrait en servir.

On dit que Napoléon et Louis XVIII, ces deux grands législateurs, ont institué une Pairie.

Mais le sénat de Napoléon ne fut pas un *bouclier* entre le despotisme et l'anarchie; il fut seulement le bouclier dont il couvrit sa personne, pour aller plus sûrement au despotisme.

Pour s'en convaincre, il suffit de jeter les yeux sur cette constitution de l'an 8, monument à la fois brutal, jésuitique et dérisoire du despotisme qui se fondait.

Le Sénat devait renfermer quatre-vingts membres.

Sur ces quatre-vingts membres, soixante furent désignés par quatre consuls (les deux sortant, et les deux en exercice); le surplus devait être éligible par le sénat, chacun d'eux sur trois candidats présentés le premier par le corps législatif, le second par le tribunat et le troisième par le premier consul.

Or, ces soixante premiers sénateurs nommés par les consuls étaient déjà les hommes de Napoléon; les autres lui devaient appartenir; car les choses étaient arrangées de telle sorte que si c'était la législative qui contribuait à nommer le sénat, c'était le sénat qui nommait la législative. Il est vrai que le sénat choisissait sur une liste dressée par les départements ; mais cette liste contenait la millième partie des citoyens Français, c'est-à-dire, plusieurs milliers. Il y avait de la marge ! Ainsi donc Napoléon tenait le sénat, qui tenait la législative qui tenait le sénat. Il avait donc à la fois, entre ses mains, tout le pouvoir législatif, indépendamment du pouvoir exécutif, qu'il s'était réservé d'une manière suffisamment large, comme chacun sait.

Par le sénatus-consulte organique de l'an x (16 thermidor), le sénat prit plus d'importance et devint encore plus à la disposition de l'Empereur. *Il règle ce qui n'a pas été prévu par la constitution ; il explique les articles de la constitution, qui donnent lieu à différentes interprétations.* IL SUSPEND LE JURY, ANNULE LES JUGEMENS DES TRIBUNAUX, dissout le corps législatif et le tribunat ; dorénavant ce ne sont plus ni le corps législatif ni le tribunat qui concourent avec l'Empereur à la liste des candidats au sénat ; c'est l'Empereur tout seul qui présente au choix sur une liste de trois, formée par lui ; du reste, les grands officiers de la légion d'honneur sont membres du sénat, et l'Empereur peut en outre, en dehors des listes électorales, élever, au rang de sénateur, qui lui conviendra.

Je défie que l'on invente des combinaisons plus adroitement machiavéliques pour enchaîner un grand peuple. Mais il en coûta cher au héros : il voulut gouverner seul ; au moment du danger il resta seul.

Quant à Louis XVIII, il est à remarquer que ce prince dans son protocole ne fait pas dépendre l'institution de la Pairie, comme il le fait du reste de la Charte « *de besoins réels,* » il semble en trouver la nécessité « *dans le caractère français, les monuments vénérables des siècles passés.* »

Mais ces monuments vénérables n'étaient pas plus dans le caractère français que ne l'étaient dans nos modes les cuissards et brassards des féodaux, et les perruques des présidents à mortier de la grand'chambre.

On ne fait pas renaître une Pairie par le seul fait qu'on en écrit le nom sur une feuille de parchemin, pas plus que, par une ordonnance du médecin, on ne fait revivre un organe mort.

Louis XVIII avait octroyé une Charte et ne l'avait pas reçue : il voulait rattacher la chaîne des temps modernes à celle des temps passés, et personne aujourd'hui ne peut plus avoir ce désir.

Nous voyons donc que les raisons qui ont pu déterminer Napoléon et Louis XVIII à recréer leurs fantômes de Pairies ne peuvent plus exister pour nous.

Il est facile de répondre à ceux qui prétendent justifier la nécessité d'une Pairie en France par l'existence d'une Pairie en Angleterre, lorsque surtout cette dernière est le motif d'un changement de constitution, et peut-être sur le point de devenir la cause d'une désorganisation générale.

Il est à remarquer d'abord que la Pairie anglaise

ne fut pas instituée dans le but d'établir un contre-
poids politique.

Après avoir conquis le pouvoir, les Anglais du-
rent le partager. Les considérations utopiques ne don-
nèrent en aucune façon naissance au contrat. Elles
arrivèrent après ; et Montesquieu, Delolme et les autres publicistes, là où il n'y avait qu'un fait de conséquence, ont trouvé ou cru trouver un principe di-
recteur.

La puissance de la Pairie anglaise est morale et
matérielle ; morale , car malgré leurs vieux et nouveaux ressentiments, les Anglais ne peuvent avoir
oublié qu'ils lui doivent la grande Charte, le triomphe de la réformation anglicane, et la chute des
Stuarts; ils savent qu'en détruisant un trône pour
en fonder un autre, elle a stipulé pour leurs intérêts
comme pour les siens, et qu'ils lui doivent leurs
deux plus puissantes libertés, la liberté individuelle
établie par l'*habeas corpus* et la presse consolidée
par le jugement par jurys. Sa puissance matérielle
consiste dans l'étendue des familles pairesses, leur
possession de toutes les places, leurs nombreuses
clientèles; elle consiste dans son influence sur la
chambre des communes, dont elle nomme médiate-
ment partie des membres, et surtout dans la possession du territoire, qui lui appartient presqu'à titre
de souveraineté politique.

Dans cette position formidable, elle ne protége
ni le roi ni le peuple, mais elle se protége elle-

même. Elle maintient, il est vrai, l'équilibre, la pondération, mais par la raison qu'elle empêche tout de bouger.

Comment lui comparer la Pairie française?

Sera-ce sous le rapport de sa puissance morale, ou bien de sa puissance matérielle?

De quelque manière, avec quelque prévention qu'on l'envisage, on conviendra que la Pairie française, sans consistance réelle et prépondérante, qui lui soit personnelle, écrite dans une ordonnance de réforme, ne sera jamais rien qu'un simple office, ainsi que l'a dit M. de Saint-Aulaire. Elle n'a aucunement contribué à soustraire la France au joug de la branche aînée; c'est sans elle, c'est malgré elle que le peuple a fondé le nouveau trône; elle n'a stipulé ni pour ses droits qui lui ont été octroyés, ni pour les nôtres, que nous nous sommes seuls donnés; elle n'a ni le territoire, ni l'industrie, ni les richesses; elle n'a donc et ne pourra avoir aucune influence, ni sur la royauté, pouvoir établi sans elle, ni sur notre corps électoral, corps électoral sans elle, ni sur le peuple qui n'a avec elle aucun contact, aucun rapport possible, d'habitude, de dépendance, de souvenir, de reconnaissance, d'amitié ou de sympathie.

La Pairie anglaise se ramifie dans les entrailles du sol; on ne pourra l'en arracher qu'avec violence; il y aura bouleversement de territoire et tous les désordres d'une régénération.

L'Angleterre n'arrivera en 1830 qu'en passant

par 93; elle achètera la liberté de ses foyers par la perte de toute sa puissance extérieure.

En ce sens, tant que cela pourra durer, et dans les intérêts du *statu quo*, la conservation de la Pairie forte, héréditaire, est indispensable à l'Angleterre.

Il y avait quelque analogie entre l'aristocratie nobiliaire et cléricale de 1789 et la Pairie anglaise; mais à l'inverse de la Pairie anglaise, celle actuelle française disparaîtrait que ni les hommes ni les choses n'en seraient émus : le peuple pourrait ne pas s'en apercevoir; ce serait seulement un réviseur de moins à la confection des lois.

Moins les titres, les priviléges et l'attirail des vieux temps, et encore toutes les différences qui existent entre un corps oligarchique et une aristocratie populaire, le corps électoral, considéré seulement comme réalité, puissance effective, peut, seul, donner quelque idée de ce qu'est la Pairie anglaise. C'est lui en effet qui, par la presse et les forces qu'il a mises en mouvement, a résisté aux invasions du dernier roi dans les droits populaires. C'est lui qui a amené la nouvelle Charte, qui a élevé un nouveau trône et qui a stipulé des droits et garanties pour ce trône, pour lui et pour le peuple. C'est lui qui a la puissance matérielle, territoriale et industrielle; plus puissant encore que la Pairie anglaise qui n'est assise que sur les choses et non sur les hommes, il s'appuie de toutes parts sur le peuple, et renferme avec la volonté souveraine, la force ma-

térielle de l'État par l'organisation des gardes nationales.

Cette Pairie qui n'eut de force que dans l'origine
des grands féodaux ; qui, morte en 89, effacée de
nos mœurs et de nos institutions, n'a deux fois re-
paru depuis que sur du parchemin ; cette Pairie est-
elle encore existante ? Si deux grands citoyens y
ont été réintégrés, l'art. 68 de la Charte qui déclare
nulles et non avenues les quatre-vingt-onze nominations faites sous Charles X n'en existe pas moins.
Un publiciste a dit : *Un corps politique ne peut
être scindé sans être détruit ; du moment où on
a pu le morceler, il a cessé d'être.* On conviendra
du moins que la Pairie, attaquée dans la session prochaine, ne pourra arguer de son intégrité ni se dire
inviolable.

Quoi qu'il en soit, si, quittant le passé et le présent, nous nous portons dans l'avenir, il n'y a pas de
doute que l'on ne renforce la Pairie d'un grand
nombre d'illustrations financières, patriotiques et
révolutionnaires. Mais qu'en résultera-t-il ? Chan-
gera-t-on la nature des corporations privilégiées ?
Leur ôtera-t-on cet esprit d'inquiétude et ce désir
d'envahissement qu'elles ont toujours eus ? L'avenir
offrira-t-il quelque nouvelle combinaison d'évènements que l'histoire n'ait pas mille fois répétée, et
dans laquelle cette Pairie miraculeuse viendra porter
une heureuse influence, que jusqu'à présent elle n'a
point exercée ? Et d'ailleurs, tous ces banquiers, ces

généraux, ces publicistes, ces avocats du nouveau et de l'ancien régime, une fois séparés du peuple, quelle résistance pourront-ils opposer à cette puissance formidable et éternelle de l'électorat qui est en contact avec tous les intérêts généraux, et qui est soutenue de toutes les forces morales et physiques de la nation. On peut prédire que cette nouvelle Pairie sera bientôt tracassière envers tout le monde, embarrassante pour le trône lui-même auquel, dans aucun tems, dans aucune circonstance, elle ne pourra porter secours; enfin inutile aux intérêts généraux, et déconsidérée de plus en plus.

Nous voyons donc la Pairie française, quel que soit le nom qu'on lui ait donné, ou hostile contre le trône et le peuple, ou sans consistance ni résistance. Nous la voyons détruite pour renaître, et se faisant le complice et le soutien du despotisme; détruite encore pour reparaître plus faible que jamais, pour rester de nouveau sans action possible au milieu de nos débats politiques, et pour ne donner signe de vie qu'en abandonnant ses maîtres par intérêt pour elle-même, ou par impuissance de les secourir.

Il est donc faux qu'elle ait jamais été ni un bouclier, ni un rempart, ni un intermédiaire, ni qu'elle ait jamais défendu le peuple contre le trône ou le trône contre le peuple; ce qu'elle n'a jamais fait, elle ne pourrait que le faire moins encore, par la raison qu'elle est plus faible, plus en dehors de nos mœurs qu'elle ne l'a jamais été; ainsi ne

pouvant représenter ni une noblesse, ni des priviléges, ni de vieux souvenirs qui n'existent plus;
ni le territoire, ni les capacités quelles qu'elles
soient, réduite devant le corps électoral à la plus
entière nullité, elle voit s'évanouir sous tous les
aspects possibles ce contre-poids politique si peu
compris, mais si vanté.

TITRE II.

De la Pairie comme fraction du Pouvoir législatif.

On a vu que je ne combattais pas le principe politique et rationnel d'une force intermédiaire, nécessaire entre la volonté et l'action, entre la nation et le trône. Seulement je l'ai montrée non dans une Pairie impuissante ou dangereuse, mais dans notre organisation même. De même je ne nierai point la nécessité d'une seconde chambre législative qui ait sur la législation une action particulière et déterminée; mais j'examinerai de quelle manière cette action peut se trouver dans la Pairie.

On ne sait pas comment l'y rencontrer.

Voici un principe que je pose, et dont dépend cette division de mon ouvrage.

Pour être utiles, deux chambres différentes doivent, si elles ont la même action dans la législation, c'est-à-dire, si elles ont toutes deux à la fois initiative, discussion et adoption, représenter des intérêts différents ; si elles représentent les mêmes intérêts, elles doivent avoir action différente dans cette législation, c'est-à-dire, se par-

*tager entre elles la discussion, l'adoption ou le
rejet.*

Si elles représentent les mêmes intérêts en même
temps qu'elles entrent absolument de la même manière dans la confection des lois, on ne conçoit pas
la nécessité qu'il y en ait deux : une seule paraît devoir suffire.

En Angleterre et aux États-Unis, les deux chambres ont la même action législative, mais elles représentent deux intérêts bien distincts.

La chambre des lords représente la propriété, les
priviléges, toute la vieille Angleterre assise sur le
sol. La chambre des communes représente les intérêts fiscaux, et est censée représenter les intérêts
populaires; pouvant être attaquées l'une par l'autre,
dans des intérêts également majeurs pour elles et
pour le pays, il faut qu'elles aient les mêmes armes:
offensives, l'initiative; défensives, le véto.

Notre Pairie, au contraire, ne répond à aucun
intérêt: la propriété est dans le corps électoral; de
priviléges, il n'y en a plus; la vieille France n'existe
plus. Elle ne peut donc représenter que les intérêts
déjà représentés par la chambre des députés elle-
même. Dès lors la communauté des mêmes parties
de la législation forme au moins double emploi.

Et s'il se présente ici quelques observations, je
prie d'attendre: je ne puis tout dire à la fois.

Les deux chambres des États-Unis ont un but
différent, et voici lequel :

Les États-Unis, fédérés entre eux dans leur intérêt général, étaient, dans leur origine, composés de
treize États différents de population dans un tel
degré, au moment de leur constitution, que la tota-
lité de la population de quatre ou cinq pris ensemble, était au-dessus de celle des neuf ou huit
autres.

L'intérêt individuel de chaque citoyen devait être
représenté;

Celui politique de chaque état devait l'être aussi.

De là, deux chambres, celle des représentants
pour les populations, celle du sénat pour les États.

Chacun des États, quelle que soit sa population,
nomme donc un représentant pour un même nombre
déterminé d'âmes. Ceux où la population est la plus
nombreuse en nomment ainsi plus que les autres.

Chaque État nomme ensuite deux sénateurs ayant
chacun une voix, explique la constitution pour
qu'on ne s'y méprenne pas.

De·cette façon les représentants représentent les
intérêts individuels et généraux des populations, et le
sénat, les intérêts particuliers et politiques des États.

S'il n'y avait eu que la chambre des représentants,
les territoires eussent pu être sacrifiés aux populations. S'il n'y avait eu que le sénat, les populations
eussent pu être sacrifiées aux territoires. Dans le
premier cas, treize États eussent subi la volonté de
quatre; dans le second, mille individus en eussent
opprimé quatre ou cinq mille.

En ayant fait entrer ces deux chambres dans la confection des lois, on voit les choses sous leur double rapport, et l'on concilie tous les intérêts, soit individuels des populations, soit politiques des États.

Et ces deux chambres, représentant deux intérêts distincts, doivent jouir des mêmes prérogatives dans la confection des lois; autrement un intérêt serait sacrifié à l'autre.

Mais la France n'est pas un état fédératif; une province n'a point d'intérêts particuliers qui ne soient aussi ceux généraux des autres provinces.

Allant au-devant des conséquences de ces graves différences, on a prétendu cependant que la Pairie était placée de manière à porter son attention sur les intérêts généraux du pays, tandis que la chambre des députés était plus particulièrement destinée à soutenir les intérêts spéciaux des localités.

Cette manière de considérer l'importance législative de la Pairie a été renouvelée dernièrement à la chambre des Pairs par M. de Portalis. Voici ce qu'il dit :

« Aucun des membres de la chambre des Pairs,
« se considérant comme le mandataire de la France
« entière, ne demeure étranger à aucune de ses di-
« visions territoriales.

« La chambre des députés a une tout autre ori-
« gine, et une tout autre composition; ses membres,
« élus temporaires de la population d'une certaine
« partie du territoire, sont nécessairement choisis par
« elle. Cette population leur demande d'apporter à

4

« la chambre une connaissance spéciale des intérêts
« et des besoins des contrées qui les ont envoyés.

« Dans cette branche de la législation, produit de
« l'élection populaire, et représentation directe et
« mobile des opinions actuelles et des intérêts pré-
« sents de la société, l'esprit particulier de chaque
« localité doit être représenté comme l'esprit général
« du temps. » (Chambre des Pairs, séance du 26 novembre.)

Il est certain qu'il y a quelque apparence de vérité
dans ces considérations. Nous remarquerons, en effet,
que les députés s'occupent souvent d'intérêts départe-
mentaux. Combien d'affaires de localité viennent se résoudre dans les bureaux ministériels ! Souvent même
des intérêts majeurs se combattent à la tribune. Nous
nous ressouvenons de ces luttes soutenues en faveur
de diverses industries, celle des vignicoles et celle
des cotons. Dans la dernière session encore, deux ho-
norables députés ont défendu les intérêts de leurs
départements, l'un en faisant réaliser une répartition
plus équitable pour son département entre les divers
contingents de l'armée, l'autre en plaidant en faveur
du soulagement des départements frontières en cas
d'invasion.

On insiste, et on dit que « les actions législatives
« des deux chambres tendront à se distinguer insen-
« siblement par leur exercice sur les intérêts locaux
« ou généraux; » que « sous le gouvernement déchu,
« où les mœurs, les intérêts matériels ou d'amour-

« propre étaient attaqués, et où le pays avait tout à
« défendre, une chambre populaire a dû se former
« d'hommes à théories, à vues générales, de publi-
« cistes, d'opposants systématiques ; mais » que « l'a-
« bolition du double vote, la nouvelle circonscrip-
« tion des colléges, la destruction insensible et
« graduelle de l'effervescence, fruit des fautes de
« la restauration feront, d'ici à quelques années,
« disparaître de la députation ces théories, ces ré-
« sistances personnifiées dans de grands et illustres
« orateurs, et les remplaceront tout simplement par
« les intérêts de détail du pays. »

J'avoue que, tout en reconnaissant encore la possibilité de la réalisation de quelques-unes de ces as-
sertions, je ne puis cependant adopter le principe
qu'elles veulent faire admettre.

D'abord je ne comprends pas la distinction fondamentale de ces lois sur les intérêts généraux et de
ces lois sur les intérêts locaux ; la plupart du temps
les intérêts généraux ressortissent du conflit des intérêts particuliers. Chaque département apporte son
vœu sur une question ; et le vœu général, la loi sur
les intérêts généraux est la balance, la résultante de
tous ces vœux, de tous ces intérêts particuliers et
locaux.

Ensuite, dans la discussion des intérêts qui sont
les mêmes pour toute la surface du pays, il y aura
toujours parmi les députés une foule de publicistes,

sortis particulièrement du sein des villes, qui, selon leurs lumières, leur habileté ou leur conscience donneront le mouvement à la chose totale publique, sans qu'une Pairie soit indispensable pour le régler. Enfin, s'il n'y avait point de Pairie, le corps électoral s'arrangerait de façon à ce que les intérêts généraux fussent représentés comme les autres.

Ce principe de l'action des députés dans les affaires générales du pays est même reconnu implicitement dans la Charte. L'article 36 dit :

« La moitié au moins des députés sera choisie « parmi les éligibles qui ont leur domicile politique « dans le département. »

Donc l'autre moitié peut être choisie en dehors des intérêts spéciaux du département.

Il a aussi été reconnu aux deux chambres en opposition avec le sentiment de M. de Portalis.

« La mission des députés s'étend à tous les intérêts de la France. » (*M. Aubernon*, 29 janvier).

« Les députés ne représentent pas les localités, « mais la France en général. » (*M. Bérenger*, 22 février).

« Le député ne représente pas, comme quelques « personnes le croient, un arrondissement ou un « -département ; il est nommé par un arrondissement « ou un département, mais, une fois député, il « représente la France tout entière. Ainsi, les mem-« bres des deux chambres me paraissent, à cet égard,

« dans la même position. » (*Le duc de Broglie*, chambre des Pairs, séance du 29 janvier.)

Ainsi donc, d'abord, nos deux chambres n'ont, en aucune façon, des intérêts divers ; d'où il suit qu'il est nécessaire qu'elles aient une part différente dans la confection des lois, ainsi qu'il est arrivé à toutes les chambres qui ont concouru à la législation.

Pour montrer cette nécessité, je n'explorerai pas, en exemple, les corps politiques des anciennes législations ; je me bornerai à considérer ce qui s'est passé chez nous depuis notre première révolution.

La Constituante, avec tous ses hommes d'état, elle qui voulut si fortement le bien, qui fit tant de grandes choses, ne put comprendre la nécessité de deux chambres législatives, établies, pour les mêmes intérêts, sur les mêmes éléments. Mirabeau trancha la question avec sa supériorité ordinaire.

« La division de l'assemblée en sections égales, « dit-il (1), et pour quelques travaux particuliers, « est un fait de police intérieure. »

« *Je veux* DEUX CHAMBRES, *si elles ne sont que* « DEUX SECTIONS *d'une seule. Je n'en veux qu'une*, « *si l'une d'elles doit avoir un véto sur l'autre.* »

La Législative, puis la Convention exercèrent, seules, à la fois, le droit d'initiative, de discussion et

_____

(1) Séance du 8 septembre 1789.

d'adoption. Cette dernière y joignit le pouvoir exécutif au moyen de ses comités.

Le conseil des anciens et celui des cinq cents de la constitution de l'an 3 n'étaient que la mise en exécution du vœu de Mirabeau.

Ces deux chambres n'étaient en effet que la division du même pouvoir, ayant même origine, et deux destinations différentes.

Ces deux conseils étaient élus par les mêmes personnes, par les assemblées électorales formées par les assemblées primaires. Ils étaient la représentation complète de la volonté souveraine, si ce n'est que cette volonté décomposait son mandat, donnant à cinq cents membres le droit exclusif d'initiative et à deux cent cinquante le droit exclusif d'adoption. Ils étaient les deux sections de la même chambre nationale dont parle Mirabeau, et n'avaient point de véto réciproque. Seulement la résolution d'un projet trouvé par des têtes qui pouvaient être aventureuses et ardentes, était dévolue à des hommes plus âgés, plus réfléchis et plus froids. La majorité qui décidait était prise non dans le nombre des bulletins, mais dans ce qu'on supposait être leur qualité, leur poids.

La constitution de l'an 8 établissait trois chambres, le Sénat, le Corps-Législatif et le Tribunat.

Le sénat n'avait d'autre action sur la loi que de nommer les membres du corps législatif et du tribunat.

Le gouvernement avait l'initiative, et le tribunat

la discussion, c'est-à-dire le vœu de l'adoption ou du rejet; le corps législatif faisait la loi en statuant sur le vœu du tribunat, par scrutin secret, et sans discussion.

La constitution de l'an 10 n'apporte aucune modification à ces dispositions.

La constitution de l'an 12 y en apporte quelques-unes. Elle laisse au gouvernement l'initiative.

Ensuite les projets de loi, présentés au corps législatif, sont renvoyés par lui au tribunat. Ils lui reviennent après discussion ; ils y sont discutés de nouveau, adoptés ou rejetés, et dans cet état le décret est renvoyé au Sénat.

Le Sénat entre alors en action dans la loi pour confirmer ou infirmer le rejet ; sa décision est portée au gouvernement qui adhère ou passe outre, c'est-à-dire, promulgue malgré l'opposition du tribunat, du corps législatif et même du sénat, la loi présentée par lui. A cette époque, ainsi que je l'ai dit plus haut, il n'y avait plus de chambres.

Un sénatus-consulte du 19 août 1807 supprime le tribunat que l'Empereur trouvait encore trop gênant.

On voit que toutes ces chambres concourant aux mêmes intérêts y avaient, comme elles devaient y avoir, une action différente, et que rien n'est plus fortifié par l'exemple que le principe que j'ai établi.

Or, nos deux chambres qui représentent les mêmes intérêts ont la même part dans la législation. La chambre des Pairs n'a aucune action, aucun effet qui ne puissent être rencontrés sans son concours.

Tout ce qui se fait avec elle paraît, il est vrai, pouvoir se faire sans elle. Si le gouvernement, par exemple, prend l'initiative, je vois, sans y faire entrer le concours de la Pairie, une loi, 1° élaborée dans le conseil d'état et dans le conseil des ministres ; 2° discutée dans tous les journaux, attaquée, soutenue sous ses divers aspects ; 3° soumise à l'examen approfondi d'une commission *ad hoc*, prise dans le sein de la chambre des députés ; examinée successivement par la chambre en masse, dans une discussion générale, puis dans une discussion particulière, dans son ensemble et dans ses détails, article par article, mot par mot, enfin adoptée ou refusée.

On me répondra que l'on ne peut envisager les projets de lois sous trop de différents aspects ; qu'ils ne sauraient passer par le creuset de trop d'opinions ; que la chambre des Pairs ne fût-elle que simple réviseur des projets arrêtés dans l'autre chambre, il n'en serait pas moins vrai que son utilité, bien que moindre de ce qu'elle pourrait être, serait encore assez grande pour faire désirer son maintien comme corps législatif.

« La bonté de la constitution est que dans une « triple épreuve le corps législatif ne convertît en « lois que des résolutions dont la justice n'est pas « douteuse. »

(LAINÉ, Chambre des Pairs, 18 novembre 1830.)

« Les deux chambres sont des chambres de cor-
« rection mutuelle ; chacune d'elles doit voir avec
« plaisir que quelque chose qui a échappé à son
« attention n'a pas échappé à l'attention de l'autre. »

(MOUNIER, Chambre des Pairs.)

Je conviens de toutes ces choses ; et ce corps réviseur sera d'autant meilleur que l'on parviendra
davantage, ainsi que nous en donnerons le moyen
plus loin, à le composer d'hommes plus aptes à cette
révision ; mais il faut bien convenir d'un autre côté
que le mouvement de deux corps politiques, parcou-
rant absolument la même carrière, doit, à tous mo-
ments, offrir des chocs, des secousses dans l'Etat.

Les assemblées délibérantes des États-Unis et de
l'Angleterre, ayant chacune des intérêts majeurs tout
différents, concentrent leur force et leur opposition
pour la défense de ces intérêts, et se font volontiers
des concessions réciproques pour les discussions se-
condaires. Nos deux chambres sont au contraire for-
cées, sous peine de la mort législative de l'une des
deux, de ne pas être d'accord, et d'entrer ainsi souvent en collision.

Nous avons dit que, sous la Charte de 1814, le
gouvernement seul proposait la loi dont il donnait
à son choix la discussion première à l'une ou à l'autre
chambre. Une chambre adoptait ; l'autre rejetait ou
modifiait ; le ministre retirait la loi et étouffait ainsi
toute discussion ultérieure. Mais maintenant une
chambre se propose à elle-même, et discute une

loi qu'elle envoie, lorsqu'elle l'a adoptée, à la discussion de l'autre. Supposons que celle-ci l'amende, et que la première, persistant dans ses premières conclusions, la renvoie, telle qu'elle l'a adoptée, à la chambre qui l'a amendée, qu'arrivera-t-il ? Si la chambre qui a amendé retire son amendement et adopte la loi selon les vues de l'autre, elle reconnaît son infériorité, quelquefois sa pusillanimité. Que devient alors cette prétendue nécessité de la division de la législative ? Si elle persiste dans son amendement, et qu'elle renvoie encore à l'autre chambre cet amendement dont celle-ci ne veut point, alors voilà une loi en l'air dont on ne sait quel sera le sort. Il y a conflit entre deux pouvoirs sur trois, sans que le troisième puisse les départager ; car il ne peut faire disparaître un projet de loi qui n'est point d'accord avec lui-même, et qui ne lui est point soumis.

Qui ne voit que la position du gouvernement, qui ne s'est chargé ni de l'initiative, ni du retrait, est infiniment meilleure que celle des chambres ? A l'abri de l'événement, il laisse les deux autres pouvoirs se débattre entre eux.

En Angleterre et aux États-Unis, les deux chambres, par leur force personnelle, leur origine, leurs droits, leur utilité, leur influence sur des intérêts divers, peuvent se maintenir l'une contre l'autre ; mais en France la chambre des députés, expression de la volonté générale, ayant derrière elle tout le corps électoral suivi de tout le reste de la nation, aura

toujours les honneurs du combat, et sa rivale, faible
et sans appui, qu'elle adopte ou refuse, qu'elle ait
tort ou raison, succombera toujours devant l'opinion
publique.

Je crois cet inconvénient extrêmement grave, et
il commence déjà à se faire sentir. On a proposé,
discuté, adopté à la chambre des députés, une loi
sur les pensions à venir, et sur la révision de celles
obtenues depuis 1828. La chambre des Pairs, en ac-
ceptant le principe pour l'avenir, a refusé la révision du passé, comme ayant un caractère rétroactif;
la loi est retournée, ainsi amendée, au Palais-Bourbon
qui a pris de l'humeur, et qui, pour toute réponse,
l'a renvoyée suramendée avec une disposition qui
l'empire considérablement aux yeux des Pairs,
puisqu'elle fait remonter la rétroaction de 1828 à
1814, origine des pensions. Qu'a fait le Luxembourg? Il a rejeté la loi dont la proposition nouvelle,
aux termes de l'article 17 de la Charte, est renvoyée à
l'année prochaine. Qu'arrivera-t-il alors si aucune
des chambres ne veut céder?

On ne comprend pas comment pourrait se maintenir un état d'hostilité entre la Pairie et le pays représenté par la députation. Il faut cependant, ou le
supposer, ou voir la chambre des Pairs réduite à se
calquer, à se coller sur celle des députés. Je ne vois
pas de terme moyen, et c'est ce qui est au-dessous de
la pensée même de Mirabeau.

Ainsi donc, nous avons prouvé dans le titre I que

la Pairie, considérée comme corps pondérant, était étouffée par l'électorat, et ne pouvait avoir aucune valeur possible dans l'État; nous venons maintenant de prouver que, comme fraction de la législation, elle ne peut avoir que l'effet d'une révision qui, sous la concurrence d'un conseil d'État, d'un conseil de ministres, de tous les publicistes quotidiens et autres, de la chambre des députés divisée en bureaux, puis réunie deux fois en assemblée générale, ne peut être que d'une utilité secondaire, tandis que le parallélisme de sa marche, avec celle de la chambre des députés, ne peut offrir que des collisions et des embarras. Elle n'est donc dans le corps social, que ce que, dans le corps humain, sont ces superfétations qui n'ont aucun but utile, aucun jeu, aucun ressort, et qui ne servent qu'à embarrasser et souvent affaiblir l'individu; mais enfin, telle qu'elle est, elle se trouve dans nos institutions. Il s'agit d'en tirer parti, soit en ordonnant différemment la distribution des diverses parties qui concourent à la confection des lois, et en lui donnant ainsi une action différente de celle de la chambre des députés, soit en se bornant à lui conserver son action de révision, et en cherchant alors à la composer de la manière la plus convenable à cet effet. Tel est l'objet du titre qui suit.

TITRE III.

Des diverses manières de former une Pairie.

———

Il y a dans tout corps politique trois choses à considérer : son organisation, son action, son effet. Son effet, c'est le résultat qu'il produit dans le mouvement du corps social ; son action, c'est la marche, c'est le degré de force qui lui sont attribués pour arriver à cet effet ; son organisation, c'est son existence individuelle qui doit se régler sur l'action pour atteindre à l'effet. Il faut d'abord préciser l'effet, y soumettre l'action, avant de s'occuper de l'organisation ; c'est ainsi, si l'on veut me permettre une comparaison futile dans un si grave sujet, que, dans une pièce de théâtre bien faite, on ne crée les personnages qu'après avoir fixé d'abord le but de l'ouvrage, et, ensuite, l'action qui doit conduire à ce but.

Il suit de là qu'il fallait, lorsqu'on a refait la Charte, bien reconnaître, d'abord, quel pouvait être désormais l'effet d'une Pairie, soit comme pondération, soit comme fraction de la législation ; puis, déterminer les moyens les plus efficaces pour produire cet effet, et coordonner enfin l'organisation et à l'effet et aux moyens.

Mais il ne fallait pas, sans s'être bien rendu compte

de cet effet possible, soit contre-poids, soit législation, et en fondant des articles relatifs à l'action de la Pairie et qui ne sont pas destinés à être révisés, commencer par tracer, prescrire une marche inévitable pour aller, où ?..... à un but ignoré.

En effet, il y a des articles de la Charte qui arrêtent la solution de la question de la Pairie. Ces articles, les voici :

15. La proposition des lois appartient au Roi, à la chambre des Pairs et à la chambre des Députés.

17. Si une proposition de loi a été rejetée par l'un des trois pouvoirs, elle ne pourra être représentée dans la même session.

27. Les séances de la chambre des Pairs sont publiques comme celles de la chambre des Députés.

Ces trois articles donnent une marche qu'il n'est plus possible de changer, et qui peut empêcher d'atteindre le seul but de la Pairie, si nous pouvons lui en donner un.

Il est donc évident que la question a été mal posée pour l'avoir été incomplétement, et qu'il fallait tout abandonner sans entraves à la sagesse de la nouvelle constituante de la Pairie, hors le principe qu'il y aurait une Pairie, et que cette Pairie entrerait avec le prince et la chambre des députés en partage de la puissance législative.

Pour ordonner différemment la distribution des diverses parties qui concourent à la confection des lois, et pour donner ainsi à la Pairie une action différente de celle de la chambre des députés, il n'y aurait d'autre moyen que de réunir en constituante les trois fractions du parlement. Je regarde cette réunion comme difficile à tenter dans la disposition actuelle des esprits, et, par conséquent, toute discussion qui pourrait s'engager sur cette distribution, comme ne pouvant guère amener aucun résultat direct et positif.

Cependant il circule bien des bruits : on a été jusqu'à croire que le gouvernement se proposait de retirer l'initiative aux deux chambres.

Ce n'est point, je crois, m'écarter du but de cet ouvrage, qui est de présenter la question de la Pairie sous tous les aspects possibles, que d'examiner la portée d'un projet pareil ; moins pour cet examen en lui-même que parce qu'il nous conduira peut-être à trouver ce qui, dans la position forcée des choses, et, dans la supposition de cette constituante, serait seul à peu près convenable pour mettre les chambres sur deux terrains séparés. Cette discussion, d'un autre côté, éclaircira, comme par contre-coup, d'autres projets analogues qui pourraient être présentés.

Nous envisagerons donc, mais très rapidement, ce retrait d'initiative ; mais auparavant nous nous débarrasserons de la question de l'hérédité ; question qui n'est qu'incidente dans le but général de notre ouvrage, et que nous pourrions passer sous silence, tant elle est, depuis quelques d'années, si bien résolue, et si profondément arrêtée dans nombre d'esprits.

CHAPITRE 1.

De l'hérédité de la Pairie.

La force d'une Pairie consiste dans l'hérédité.

Une chambre à vie prend, il est vrai, l'esprit de corps, mais son énergie est du moins dégagée des intérêts de famille. On y entre vieux pour en sortir bientôt; on n'y a pas subi l'influence paternelle.

Il en est autrement d'une chambre héréditaire; c'est alors que l'esprit de corps forme unité distincte, et acquiert sa plus grande force. On y puise dès l'enfance les leçons, les exemples, les préjugés paternels pour les laisser à ses descendants.

Une chambre héréditaire a donc plus de puissance qu'une chambre à vie, de même que ces liqueurs qui sont d'autant plus actives qu'elles sont plus concentrées et plus homogènes.

Si donc il était dans la nature générale des choses, et dans celle particulière de nos institutions, qu'une Pairie fût un corps intermédiaire, nécessaire, indispensable, dont la pondération seule pût maintenir l'équilibre entre le despotisme et l'anarchie, étant comme on dit, le rempart entre le peuple et le trône, je concevrais que pour donner de la consistance, de

la résistance à ce rempart, on y introduisît l'hérédité dont la présence en cimenterait et la force et
la durée.

Mais c'est tout le contraire que nous montrent le
cœur de l'homme, l'histoire et nos institutions. Si la
Pairie est forte, elle devient dangereuse, et il faudrait y introduire la non hérédité pour l'affaiblir. Si
elle est faible, elle est inutile, et l'on ne peut sans se
risquer à la rendre dangereuse, la renforcer par l'hérédité.

Cette question de la non hérédité, soulevée par la
Charte de 1830, a appelé sur elle l'attention de quelques publicistes anglais. Quelques radicaux s'en sont
fait les champions; les torys en sont devenus les adversaires et la combattent, *mirabile visu !* non pas
dans l'intérêt de la cour, ni de la Pairie, mais *dans
l'intérêt du peuple.*

Nous avons suffisamment montré ce qu'il fallait
penser de cette prétendue protection; mais afin de
ne laisser aucun faux-fuyant à nos adversaires, nous
devons répondre à la *Revue d'Édimbourg*, qui combat spécialement la non hérédité, et qui semble
avoir résumé toutes les raisons de l'opinion dont elle
se fait l'organe. Voici ce qu'elle dit :

« Que la Pairie expire avec chaque pair nouvel-
« lement créé, vous donnez à la cour une influence
« énorme; seule, la couronne dispose de l'aristocratie
« entière. Tous les pairs sont des jouets dans la main
« du monarque. Avide de conquérir sa faveur, au-

5

« cun noble n'ose plus se placer dans les rangs de
« l'opposition. Dans l'espoir de transmettre son titre
« à son fils par une nouvelle nomination du prince,
« quel membre de la chambre haute aura le courage
« de contredire le ministère ? Quel enfant de pair
« osera remplir son devoir au risque de perdre les
« biens et les honneurs paternels ? Jamais vous n'ima-
« ginerez un moyen plus efficace de rendre tous les
« pairs esclaves, d'entourer le trône de nobles séïdes,
« et d'assurer à la couronne l'appui de tout ce que
« les familles aristocratiques possèdent de crédit et
« d'influence en dehors de la chambre haute. C'est
« ainsi qu'une proposition née d'un sentiment hostile
« à la Pairie et au privilége, tendrait à les renforcer
« l'un par l'autre, et à détruire la plus puissante
« des limites qui protège le peuple contre les em-
« piétements du pouvoir.

« La destruction de l'hérédité de la Pairie ne
« saurait pas modifier la noblesse, mais la détruire....
« Faire de la Pairie un ordre à vie..., c'est mettre
« tout son crédit, toute sa puissance entre les mains
« de la couronne. »

Nous voyons d'abord apparaître ici cette profonde ignorance que les étrangers, et surtout peut-
être les Anglais, ont de la nature de notre gouvernement. Par la raison qu'il y a chez nous et chez
eux deux chambres qui portent des noms pareils,
ils supposent que l'origine, la nature, les forces
de ces institutions, sont identiques.

La *Revue* met donc l'aristocratie dans la chambre des pairs, tandis qu'elle n'existe que dans les forces électorales ; elle met le crédit et l'influence qu'elle accorde en dehors de la Pairie, dans le pouvoir des familles pairesses ; des familles électorales qui enveloppent tout, qui tiennent tout, pas un mot. Elle parle d'une noblesse, noblesse qui n'existe plus et qui ne peut revivre ; enfin, elle s'effraie de ce que la jeune France puisse avoir un régime qui ne soit pas précisément celui de la vieille Angleterre.

Il y a une manière bien simple de voir la confusion qu'elle fait de ces choses les plus dissemblables ; c'est de substituer dans la citation que j'ai faite le mot d'électorat à celui de Pairie : alors tout sera vrai, car notre gouvernement, nommant les députés, dégénérera encore en despotisme, comme il est arrivé sous Napoléon, lorsqu'à force de vouloir tout faire pour le peuple et rien avec le peuple, le grand homme nous a conduits à deux invasions, et nous a rejetés, seize ans après sa chute, au milieu des révolutions.

Beaucoup de personnes concluent par analogie, sans se donner la peine d'examiner si les choses qu'elles comparent sont de même nature. C'est ainsi que nous entendons dire chaque jour que la Pairie française doit être héréditaire, parce que la royauté, la Pairie anglaise et nos vieux parlements sont ou ont été soumis à ce mode d'hérédité.

Il y a une hérédité suprême, qui est celle de la

5.

royauté, personne n'ignore sur quelles nécessités elle
s'établit. Elle a lieu pour empêcher les prétentions
à la couronne et le danger des élections des rois, et
pour donner peut-être au prince le temps de suivre
ces longs projets de politique extérieure qui se transmettent de père en fils. Elle est l'ordre du corps social. Elle ne saurait donc s'entourer de trop de res-
pects et de garanties.

Mais l'hérédité de la Pairie ne peut se justifier par
des raisons analogues.

La royauté doit se fermer aux ambitions, et au
contraire la Pairie doit s'y ouvrir.

La royauté craint le concours des rivalités, et ce
concours fait l'honneur de la Pairie.

La royauté doit suivre des projets de politique
extérieure, la Pairie ne doit former aucun projet,
car il ne pourrait être formé que dans ses propres intérêts et tendrait à la rendre factieuse et usurpatrice.

L'hérédité de la Pairie anglaise est légitime et
nécessaire au pays.

Légitime : car la Pairie étant territoriale et privilégiée, hérite du titre en même temps que du territoire et des priviléges ; nécessaire : car sans l'hérédité de la Pairie les masses entreraient immédiatement dans le gouvernement et bouleverseraient les
fortunes, le crédit et tout le pays.

Mais notre Pairie n'est qu'un office sans priviléges, et qui même est pensionné. Il n'y a donc pas
de fond proportionnel, large et prépondérant attaché

au titre, et l'on ne voit pas comment on hériterait
d'un titre qui n'est soutenu par rien. D'ailleurs, si nous
avons prouvé plus haut que la disparition de notre
Pairie n'aurait aucune influence politique possible,
il faut, à plus forte raison, convenir que l'hérédité
en serait détachée, sans qu'il en résultât d'autre inconvénient que celui de la contrariété qu'éprou-
veraient quelques familles froissées ou dans leurs
amours-propres, ou dans leurs projets d'alliance.

L'hérédité de nos vieux parlements pouvait encore
se justifier personnellement et politiquement. Ils
payaient au prix de sommes immenses leur office
et leur hérédité. Ils devaient jouir de l'un comme de
l'autre. D'un autre côté, ils étaient le seul pouvoir
qui pût résister au despotisme des Rois, soit comme
rendant exclusivement la justice, soit comme parti-
cipant aux lois en les enregistrant. Seuls intermédiaires, quelques faibles, quelques insignifiants qu'ils
fussent, entre le peuple et le trône, il était indispensable qu'ils se recrutassent d'eux-mêmes, car les
nominations nombreuses qu'aurait entraînées leur
existence viagère les eussent mis entre les mains du
Roi, qui se serait trouvé réunir à la fois les pouvoirs
de législation, d'exécution et de jugement. L'intérêt
de la France demandait donc que l'hérédité fût con-
sacrée dans les parlements. Mais la Pairie actuelle
ne s'achète pas, et elle tomberait tout entière entre
les mains du prince qu'il y aurait encore entre eux,
d'une part, et le peuple, de l'autre, la puissance

des tribunaux, tout le corps électoral et le reste.

Nous avons dit que la Pairie, considérée comme force pondérante, était une superfétation dans le corps social ; or, dans le corps humain, une superfétation devient souvent une maladie : il suffit qu'il s'y développe quelque germe pervers ; l'hérédité est ce germe pervers.

Et si l'on considère la Pairie comme fraction de la législation, dans quel but lui donner l'hérédité ?

J'ai entendu répondre que, sous ce rapport, l'hérédité y était nécessaire pour former des hommes qui fussent spécialement consacrés à l'étude des lois et des hauts intérêts politiques.

Mais, d'abord, d'après ce principe, l'hérédité devrait aussi s'établir dans la chambre des députés, dans le ministère, le conseil d'état, les procureurs royaux, les présidents, les juges, l'ordre des avocats. Tous aussi sont dans la nécessité de connaître ou de confectionner les lois, ou de combiner des intérêts politiques. Ensuite, comme on l'a fort bien dit, le talent d'un avocat ou d'un architecte ne s'est jamais établi sur un acte de naissance et de filiation ; pourquoi en serait-il autrement de la Pairie ?

Jamais, dit Lafayette, jamais je n'ai compris qu'on pût avoir des législateurs et des juges héréditaires (1).

_____

(1) Chambre des Députés, 7 août 1830.

Cette nécessité n'est pas, il est vrai, facile à comprendre.

En considérant l'hérédité sous d'autres rapports que ceux de pondération et de législation, on la trouve contraire à nos lois civiles, à l'ordre des familles, à la morale des transactions, ainsi qu'à l'état présent de nos mœurs.

Sans s'exposer à tomber dans la misère et dans la plus profonde déconsidération, la Pairie héréditaire ne peut se fonder que sur des majorats de territoire ou au moins de rentes immobilisées ; elle ôte donc ainsi au fisc les droits de mutation et occasionne au budget un vide qui doit être rempli par les contribuables ; elle ôte aux enfans du même père l'égalité des partages, et devient une cause continuelle de divisions de famille; elle ravit aux créanciers leur gage légitime, et devient une cause journalière et honteuse d'immoralité, de scandale et de déconsidération.

Enfin, l'hérédité est absolument contraire à nos mœurs, à cet esprit de républicanisme que M. Guizot lui-même a reconnu *exister dans les rapports des citoyens entre eux.* La jeunesse, tout en reconnaissant la nécessité d'une hiérarchie sociale, ne peut comprendre ces prétentions qui s'arment d'un droit héréditaire convenable seulement à ces grands vassaux qui disputaient le territoire aux rois des seconde et troisième races, ou à ces barons souverains qui ont fondé le trône de Brunswick.

Ces mots de nobles barons, nobles comtes, illustres seigneurs, parodiés de la vieille aristocratie anglaise sont, il le faut bien avouer, en dehors de la
raison, maintenant qu'il n'existe plus ni baronies,
ni comtés, ni seigneuries. Or, ce qui choque à la fois
la raison et les mœurs tombe dans je ne sais quel ri-
dicule, et cesse au moins d'être de fort bon goût.

Les publicistes à doctrines prétendent qu'il faut
une gradation dans la chaîne des éléments du corps
social, que la transition de l'état populaire aux
prérogatives de la couronne est trop brusque, et que
le peuple, pour comprendre l'hérédité royale, doit
la contempler ailleurs.

L'hérédité ne peut être un terme moyen entre l'hérédité et la non hérédité, pas plus que trois entre
trois et un. C'est deux qui est cette moyenne pro-
portionnelle, c'est-à-dire, qui participe et de trois et
de un.

Il est une sorte d'hérédité pairesse qui offre naturellement ce terme moyen.

En effet, en dehors de l'hérédité acquise par un
droit concédé il y a l'hérédité de fait.

Le fils d'un Pair de France suivra plus naturellement que tout autre la carrière politique; s'il a des
talents, l'opinion publique et le choix du prince le
placeront dans des emplois, d'où il arrivera plus facilement que tout autre à la Pairie pour ouvrir à
son fils la même carrière. Personne ne peut rai-
sonnablement s'opposer à ce mouvement naturel des

choses. C'est ce que M. le baron Séguier a parfaite-
ment fait comprendre.

« Le népotisme se rencontre dans tous les États
« de la hiérarchie sociale, en république comme en
« monarchie. L'artisan, le laboureur, ainsi que le
« fonctionnaire public apprend à son fils ce qu'il
« pratique et ce qu'il sait. Ensuite, les services
« du père inspirent naturellement de la confiance
« pour celui qu'il a formé. Telle est la source de la
« vraie et utile noblesse qui fait espérer des ressem-
« blances dans les générations, et parfois les déve-
« loppe (1). »

C'est ce népotisme qui forme naturellement les
anneaux de cette transition, puisqu'il y aura de fait
prérogative pour la naissance, prérogative immense
qui excite, pousse, soutient, met au grand jour un
talent même médiocre, tandis que l'isolement, le
découragement, le manque d'appui, peuvent mettre
souvent à mort un grand talent ignoré.

Alors se concilient les convenances des illustrations, de l'influence des souvenirs et des grands
noms, avec l'importance, autrement majeure, des
grands intérêts nationaux ; alors se confondent les
avantages de l'hérédité et du choix.

Ainsi donc l'hérédité ne peut dans aucun sens
avoir aucune utilité même spécieuse ; ses plus grands

___

(1) Bon Séguier, Chambre des Pairs, 18 novembre.

défenseurs ne peuvent en alléguer un prétexte plau-
sible et vraiment discutable ; elle ne peut se fonder sur aucune analogie ; elle exige des priviléges
contraires à la fortune publique, au repos et à la
bonne union des familles; elle est une anomalie dans
nos lois politiques et civiles, une répugnance dans
nos mœurs ; elle est une condition, une loi into-
lérable dans l'existence d'un corps inutile et gênant;
elle doit donc être rejetée : c'est ce que le pays n'a
pas eu de peine à comprendre.

CHAPITRE II.

De l'initiative, de la discussion, et de l'adoption considérées dans chacun des trois pouvoirs.

En examinant, comme y croyant peu, et seulement pour éclaircir la question de la Pairie, le prétendu projet qui tendrait à déplacer l'initiative, nous sommes conduits à rechercher d'abord ce que c'est. que cette initiative, ainsi que la discussion, l'adoption ou le rejet qui concourent, avec elle, à la confection de la loi.

La Charte de Louis XVIII, article 19, donnait à la Chambre des députés la faculté de supplier le Roi de proposer une loi sur quelque objet que ce fût, et celle d'indiquer ce qui lui paraissait convenable que la loi contînt.

Or, si cette faculté eût été exercée dans toute sa plénitude, développée dans des discours contradictoires, affirmée par des votes et une majorité, et, en cas d'obstacle mis par le prince, renouvelée d'année en année, n'eût-elle pas été une sorte d'initiative ?

La nation était appelée à l'incident de l'apparition de ce projet de loi ; elle en connaissait le vœu, les motifs ; elle savait quel était le pouvoir qui voulait, celui qui ne voulait pas ; elle appréciait l'attaque et la résistance ; le pouvoir qui ne voulait pas, arrêtait tout.

Mais l'initiative positive et formelle, telle que la Charte de 1830 l'a donnée, offre cependant plus de force à l'expression du vœu que l'on forme. Elle place le pouvoir qui en jouit sur un terrain plus large où il se développe plus à son aise ; elle abrège les lenteurs ; elle peut renforcer le vœu d'un pouvoir, de celui d'un autre ; elle met le prince sur une défensive plus prononcée. D'après la Charte de 1814, il se bornait à ne pas accueillir, et la proposition pouvait passer inaperçue ; d'après celle de 1830, il faut qu'il refuse avec éclat et formellement.

La discussion ou la délibération sont le moyen d'éclaircir la question. Elles n'emportent point avec elles l'arrêté, le prononcé, le vote, l'adoption.

La discussion doit être commune aux trois pouvoirs, car elle éclaire les avis ; elle range les dissidents à l'opinion émise, ou les confirme dans la leur.

L'adoption ou le rejet sont la constatation de l'acceptation ou du refus, par les trois pouvoirs réunis ou par un seul, de la loi soumise à leur jugement.

Chaque pouvoir a une initiative et une discussion qui existent d'elles-mêmes, et qui remplissent leur but indépendamment de l'initiative et de la discussion des autres pouvoirs, tandis que l'adoption n'existe que relativement et n'a pas d'effet indépendant du concours des autres pouvoirs. Elle n'est que subordonnée, partielle et incertaine; subordonnée : elle veut la régularisation du concours des deux autres; partielle : elle n'entre qu'en tiers dans la loi ; incertaine : elle n'a de réalité que confirmée par les deux autres.

Il suit de là qu'une chambre qui adopte ne fait qu'un acte dont l'effet est provisoire, puisqu'il peut être arrêté et détruit par le véto de l'un des deux autres pouvoirs.

Il n'est personne qui ignore que si chacun des trois pouvoirs a la même puissance d'adoption, il n'a pas le même nombre de formes de véto. Le prince et la chambre des Pairs n'en ont qu'un, le droit de ne pas accepter; la chambre des députés en a deux, l'un explicite qui est de ne pas accepter, l'autre implicite qui est le refus de l'impôt.

On sait aussi que cette seconde forme donnerait, dans de certaines circonstances, au véto de la chambre des députés, une puissance plus grande que celle que pourrait avoir le véto des deux autres pouvoirs. Ce dernier est de paroles et de discussion seulement, l'autre est de puissance et de fait.

Et non seulement ce refus d'impôt la rend dans sa résistance plus forte que ses deux rivaux, mais il lui donne un moyen d'attaque dont ils sont privés, car elle peut, en s'en servant, paralyser leur véto, c'est-à-dire les forcer de sanctionner les lois qu'il lui convient de faire rendre.

C'est ainsi que l'on a vu dans les premiers mois de 1830 la seule menace du refus d'impôt faite par la presse, sans même le concours de la chambre des députés, donner aux remontrances les plus respectueuses de celle-ci, un tel degré d'efficacité, que le ministère effrayé n'a pas osé s'exposer à un commencement d'épreuve, et qu'il n'a vu d'autre moyen de salut que de se précipiter dans ce coup d'état qui a amené sa chute et celle d'une dynastie.

Si maintenant nous cherchons quel pouvoir doit particulièrement jouir de l'initiative, nous verrons que le sentiment des besoins particuliers et généraux paraît spécialement dévolu aux colléges électoraux et au prince, et que, par conséquent, cette initiative a une action suffisante et complète, lorsqu'elle est exercée par la chambre des députés et par le gouvernement. On ne voit pas à quel titre la Pairie, corps législatif réglant et intermédiaire, en serait également investie. Nous établirons donc d'abord, sans nous livrer à des développements que chacun peut suppléer, que la Pairie peut, en France, sans aucun inconvénient, être étrangère à la proposition des lois.

Mais qui ne voit que, si se couvrant du prétexte d'ôter à la chambre des députés la proposition de quelques lois de circonstances, inspirées par la mauvaise humeur, la défiance, le ressentiment ou parvenait à la priver rigoureusement de l'initiative, on tendrait à lui ôter le pouvoir législatif. En effet, le gouvernement ne proposerait bientôt plus que le budget. Quant à toutes les lois qui lui sembleraient menacer son pouvoir, elles resteraient inutilement dans la pensée du pays. C'est ce qu'avait si bien compris Louis XVIII lui-même, qu'il avait accordé à la chambre des députés un droit de requête qui, comme nous l'avons prouvé, s'élève implicitement à une initiative.

Ainsi donc, dans aucun cas, dans aucune circonstance, la chambre des députés ne peut abandonner l'initiative, sa principale conquête de juillet; initiative dont les pays représentés ont toujours joui, l'Angleterre, les États-Unis, et qui vivait dans nos trois premières assemblées, ainsi que dans la constitution de l'an 3. Reprendre à la chambre des députés son initiative serait aller contre les droits légitimes de la nation.

Mais puisque nous sommes sur ce terrain d'innovations et dans cette supposition d'une constituante pour la réorganisation entière de la Pairie, cherchons, ne fût-ce qu'à titre de curiosité, s'il n'y aurait pas quelque combinaison pour la rendre moins complétement nulle, et pour lui donner un jeu et un ressort particuliers.

On voit facilement que le seul changement qui pourrait contribuer à porter remède à la fausse position de ces deux chambres parallèles, serait, en ôtant à la Pairie l'initiative, d'ôter à la chambre des députés, et seulement sur les lois dont elle prendrait l'initiative, la formule décisive et comme irrévocable de l'adoption, et de la remplacer par un simple vœu, pris de même à la majorité, et constaté par cette autre formule : La chambre des députés désire qu'on adopte. La chambre des députés n'y perdrait rien. En effet :

La loi qu'elle projette sera de peu d'importance, ou de cette importance moyenne qui fait qu'on y attache un grand prix, mais que pour la soutenir on ne veut pas cependant s'exposer à bouleverser le pays; dans cette position la chambre rencontrant un véto abandonnera son vœu. C'est précisément ce qu'elle fait dans la position des choses actuelles, sinon qu'elle abandonne une adoption déterminée, dont le rejet blesse son amour-propre, compromet sa dignité et amène du ressentiment.

Mais, si la loi dont le projet émane d'elle est d'une importance si majeure et si décisive, qu'elle ne puisse l'abandonner, son vœu manifeste son désir, et la menace du refus d'impôt, sa volonté. Or, c'est précisément ce qui arrive encore dans l'état actuel des choses : l'adoption soumise au véto n'en conclut pas plus que le vœu, et, pour être soutenue et forcée, demande également que la menace du refus d'impôt soit mise en avant.

Au surplus cette reprise faite à la chambre des députés de l'adoption formelle sur ses propres lois, ne devrait, je le répète, avoir lieu, par compensation, que concurremment avec la reprise de l'initiative faite à la chambre des Pairs.

L'avantage décisif qui résulterait de ce système et qui pourrait être la contre-partie de ses dangers, s'il en avait, serait que les deux corps délibérants ne marcheraient plus sur une même ligne parallèle.

On ne verrait plus les deux chambres courir l'une et l'autre après une initiative, et se hâter à qui s'en fera plutôt les honneurs.

On ne les verrait plus se ballotter les lois et les amendements au grand scandale, il faut bien le dire, des gouvernés.

Au surplus, si l'on formait une constituante pour refaire la Pairie, il n'y aurait qu'une combinaison large, légitime, rationelle, qui pût la rendre un corps utile dans l'état. Ce serait de redonner aux deux chambres l'action différente dans la loi qu'elles y avaient dans la constitution de l'an 3, à l'une d'elles l'initiative et la discussion, à l'autre l'adoption. Mais un semblable partage mettrait, malgré le refus de l'impôt, une partie considérable de la législation dans les mains de la chambre qui adopterait. Or, cette chambre ne pourrait, sans danger, ni rester indépendante, ce qui rendrait une minorité maîtresse de l'immense majorité, ni être en aucune façon sous la dépendance immédiate ou médiate du prince; car alors celui-ci pourrait usurper une trop grande action dans la loi. Il faudrait donc que cette seconde chambre émanât des colléges électoraux et d'après des principes analogues à ceux de la constitution de l'an 3.

Alors les colléges décomposant, ainsi que je l'ai dit, leur mandat donneraient l'initiative et la délibération à une partie de leurs mandataires et l'adoption à une autre. Le prince prendrait, en concours avec les deux chambres, l'initiative, la délibération et le rejet que le Directoire n'avait pas. La chambre d'adoption se formant au besoin en haute cour criminelle, aurait le nom de sénat ou conserverait celui de Pairie.

Mais, encore une fois, pour que l'un des deux projets que je viens d'indiquer pût être admis, il faudrait que les trois pouvoirs s'établissent en constituante, ce qui n'arrivera point.

Nous sommes donc forcés de retomber dans les dispositions de la Charte, de considérer la Pairie comme Corps législatif réviseur, et de chercher quelle peut être, dans ce but, sa meilleure organisation personnelle.

CHAPITRE III.

De la Pairie Corps législatif réviseur, et de sa composition.

Nous rappelerons ici quelques vérités fondamentales que nous avons prouvées :

Que le seul corps aristocratique et pondérant est l'électorat ;

Que la Pairie ne peut rien représenter ;

Que, comme soutien efficace et matériel du peuple ou du trône, elle ne peut avoir aucune valeur ;

Qu'elle ne peut être de quelque utilité que considérée comme fraction de la législation, et dans la supposition surtout que les divers degrés de la confection des lois seraient divisés entre elle et la chambre des députés, au lieu de leur être communs, comme ils le sont maintenant.

Il résulte de ces vérités que l'insignifiance de la Pairie, comme corps pondérant, est telle que tout mode de sa formation, à l'exclusion nécessaire et formelle de l'hérédité, devient absolument indifférent ; elle n'est susceptible d'avoir de valeur que comme fraction de la législation ; le problème se réduit donc à trouver une combinaison qui mette dans son sein les meilleurs législateurs.

6.

La formation d'une Pairie peut provenir d'une foule de combinaisons diverses.

Une que nous n'avons pas goûtée est celle présentée par M. Fabas, et qui coïncide avec une des dispositions de la constitution de l'an 8. Nous n'eussions point parlé de ce projet, s'il n'avait eu, sur le rapport de M. Tascher, les honneurs d'un dépôt au bureau des renseignements de la chambre des Pairs, si des journaux n'avaient appelé l'attention sur lui, et si cette discussion bien rapide n'appréciait en même temps les projets du même genre.

« Les sénateurs sont à vie.

« La nomination d'un sénateur se fait sur la pro-
« position du Roi par le sénat, qui choisit entre deux
« candidats présentés, l'un par la chambre des dé-
« putés, l'autre par les ministres du Roi.

« Il est tenu d'admettre celui qui serait présenté à
« la fois par ces deux autorités. »

Dans ce projet le sénat se forme en partie de membres nommés par la chambre des députés, et ne concourt pas à la nomination de celle-ci. Il y a là dépendance d'un pouvoir de l'autre, sans réciprocité, et par conséquent, inconvenance. Dans la constitution de l'an 8 tout se liait mieux ; car si le sénat dépendait du corps législatif et du tribunat, ceux-ci dépendaient à leur tour du sénat.

Le sénat (toujours même projet) est en quelque sorte au-dessus du prince, puisqu'il peut en rejeter les choix. Napoléon entendait mieux sa dignité ; s'il soumettait ses choix au sénat, c'est qu'il savait bien qu'ils auraient la préférence et que bientôt il choisirait tout seul.

Si le sénat ne veut choisir aucun des deux candidats, M. Fabas nous dit qu'il sera forcé de prendre celui que présenteront d'accord les deux autres pouvoirs. Mais, si ces deux pouvoirs ne peuvent se mettre d'accord, qu'arrivera-t-il?

D'un autre côté, supposons que le sénat déplaise à l'un des deux pouvoirs et surtout à la chambre des députés. Voilà cette chambre qui refuse d'accoler un nom à celui choisi par le ministère. Le sénat ne peut se recruter, et la chambre des députés tient dans sa main la vie du sénat.

Supposons encore que le ministère veuille forcer un choix; rien ne sera plus facile. Suivant M. Fabas *la nomination se fait sur la proposition des ministres du roi*, c'est-à-dire que les ministres portent la candidature au sénat; ils n'auront qu'à ne pas en porter jusqu'à ce que le sénat ait promis la nomination ministérielle.

M. Fabas est un des doctrinaires qui voient dans la chambre des Pairs un *rempart* ou un *bouclier social*, je ne sais plus lequel, qui peut seul sauver la Patrie. « Sans la Pairie, » voilà « selon lui, qu'*une* « *guerre à mort* s'élève entre le prince et la na- « tion. »

Mais ce corps étant d'une telle utilité, il semblait qu'il fallait lui donner force et indépendance, et le système de M. Fabas, en lui ôtant l'hérédité, lui ôte sa seule force intrinsèque, et lui ôte toute indépendance en le mettant sous la domination de deux corps qui ont implicitement, et au premier mouvement d'humeur, le pouvoir de mort sur lui.

Mais, voyons d'ailleurs la possibilité de la mise à exécution de ce projet ; comment la proposition du postulant sera-t-elle faite à la chambre ; comment y sera-t-elle discutée, adoptée ? Dans l'état de nos mœurs, de la publicité des séances, de la liberté indéfinie de la presse, qui ne souffre pour le malheureux candidat ? On ne jugeait les rois d'Égypte qu'après leur mort.

Tout cela est inconvenant, hérissé de difficultés et impraticable.

Il vaudrait mieux, sans doute, qu'à la fin de chaque session, les trois pouvoirs se partageassent par tiers les nominations à faire ; sur quinze Pairs, cinq au trône, cinq à la Pairie, cinq à la chambre des députés. On me dira que ceci présente un inconvénient, c'est que le Trône et la Pairie pourraient donner le même esprit à leurs nominations et avoir toujours la majorité. J'avoue que, considérant la force immense et presque totale de la chambre des députés, je ne regarderais pas cette concession faite au trône et à la Pairie, comme un grand mal ; car celle-ci, quoiqu'on fasse, sera toujours éteinte sous la puissance de l'électorat.

Le système de faire nommer la Pairie par le con-

cours des autres pouvoirs offre encore d'autres combinaisons.

Le Roi choisit entre deux candidats présentés, l'un
par la Pairie, l'autre par les députés. Ceci vaut
mieux que le projet de M. Fabas.

La chambre des députés choisit entre deux candidats présentés, l'un par le Roi, l'autre par la
Pairie. Cette combinaison est la pire de toutes, par
les raisons que chacun peut voir.

Si nous abandonnons le concours des trois pouvoirs dans la nomination des pairs, et si nous iso-
lons le droit de la nomination à la Pairie dans l'un
des trois, un grand danger se présente.

La chambre des pairs ne doit pas se recruter elle-
même, car elle prendrait immédiatement la couleur
et les principes d'une majorité quelconque qui s'y
rencontrerait, et qui formerait les choix.

« Les sénateurs ne doivent pas avoir le droit de
« remplacer ceux qui manquent dans le sénat, rien
« ne serait plus capable de perpétuer les abus, » dit
Montesquieu.

La chambre des députés peut encore nommer le
sénat. Vaut mieux faire dépendre cette nomination
des colléges, ainsi que nous l'avons dit.

Dans l'ensemble de notre législation, je ne verrais
pas d'inconvénient à laisser ces nominations au prince
seul, si ce mode ne s'ouvrait trop au népotisme, à
la faveur, et s'il ne pouvait être remplacé par quelque autre qui n'eût point cet inconvénient.

En effet, s'il y a trois cents Pairs, les tables de mortalité vous diront que vous en aurez tous les ans une quinzaine à remplacer. Où prendrez-vous quinze notabilités par an? Dans la marine, les troupes de terre, les grands services civils? Mais on n'est pas toujours en guerre ni au milieu des troubles politiques. Les hommes supérieurs sont rares. Quelles que soient les vertus d'un Roi, il ne peut connaître les plus dignes; s'il en atteint quelques-uns, le grand nombre de ses nominations tombera sur des médiocrités.

Sous peine de voir s'éteindre la Pairie vous aborderez donc les médiocrités, et toujours intrigantes et envahissantes, elles sont innombrables. De quel droit préférerez-vous l'une à l'autre? Viennent les passions, les injustices, les passe-droits, l'investigation de la presse et la déconsidération entière de la Pairie. On sera Pair, à la façon des marquis de Molière et Regnard.

Pour trouver les meilleurs législateurs, les plus indépendants de telle ou telle fraction du parlement, il n'y a rien de plus simple, c'est de les faire ressortir de la nature des choses, indépendamment du concours des hommes.

Il faudrait en conséquence, laissant une quantité de nominations au libre arbitre du prince, adopter un système qui par lui-même et sans que personne y mît la main, fît ressortir naturellement le reste des Pairs des diverses positions politiques ou sociales qui rendent le citoyen plus apte à l'exercice de ces grandes fonctions.

Ainsi, concurremment avec une masse de nominations laissées au prince, chaque organe social, conseils royaux, ambassades, chambre des députés, armées, flottes, magistrature, hautes administrations, fourniraient à la Pairie, dans des proportions déterminées, et sous des conditions prescrites à l'avance, un contingent quelconque d'hommes et de lumières.

Avant d'examiner les détails de ce projet, il faut montrer que son principe n'offre aucun des inconvénients que nous avons pu signaler dans les autres, et offre tous les avantages que l'on peut trouver dans l'institution de la Pairie.

Un corps politique, établi sur ces données, a le grand avantage de représenter non des intérêts de caste et de noblesse, qui n'existent plus, mais les principes les plus nobles des organes sociaux, comprenant les hauts intérêts de la volonté souveraine et de la royauté, des hautes administrations, de la haute magistrature et de la force publique.

Il est le complément naturel de l'électorat, et surgit des hauts intérêts politiques, de même que la députation surgit des hauts intérêts sociaux.

Existant par lui-même, par la loi, il est indépendant de qui que ce soit; mais cependant il ne peut être ambitieux ni agresseur contre aucun des deux autres pouvoirs, car il ne peut trouver aucun appât dans son ambition, ni aucun résultat dans son agression.

Et si une fraction devenait agressive, son action serait paralysée par la résistance d'une fraction égale, et qui aurait des intérêts contraires : toutes se réuniraient ensemble pour faire le bien ; toutes, moins une, se réuniraient contre une pour empêcher le mal.

Sa constitution ne choisissant pas l'homme pour la place, mais donnant la place à l'homme qui y aurait droit, détruit toute possibilité de favoritisme et de népotisme.

Ce sénat ou Pairie, le nom n'y fait rien, ne répugnerait ni à nos mœurs, ni à nos idées de justice; il consacre le principe d'égalité qui est dans nos lois ; il établit le plus solennellement et le plus sûrement possible les récompenses légitimes et nationales; il pare à tous les embarras des nominations, ainsi qu'à leurs dangers.

Les Pairs de cette institution, liés au trône et à notre organisation auxquelles ils se rattachent en tous sens, auraient la longue habitude de les défendre, et le besoin de les conserver l'un et l'autre.

C'est alors que, s'il se présentait quelques discussions sur les limites des droits des deux autres pouvoirs, ils pourraient, arbitres suprêmes et désintéressés, prononcer entre les parties, donnant ainsi le seul contre-poids politique qui pût maintenir l'équilibre.

Et ce contre-poids deviendrait efficace ; car ces vieux serviteurs livrés, à la popularité de la chambre et des colléges électoraux, de l'armée, de la marine, des tribunaux et de leurs justiciables, ou sortis des conseils de la couronne, auraient, de tous côtés, des points de contact avec le trône et avec les masses. De là une influence qui ne serait, il est vrai, ni plus territoriale, ni plus matérielle que celle d'une chambre des Pairs organisée avec l'hérédité, mais qui du moins s'exercerait moralement et puissamment sur les esprits.

Considérée comme branche de la législation, qui ne voit la supériorité d'une Pairie composée de tous les hommes qui, amenés par leurs talents aux sommités politiques, auraient, dans tous les genres de places, travaillé le plus d'affaires.

Lorsque l'on présente une idée théorique, il faut pénétrer dans la possibilité de son exécution, et voir si ce que l'on juge bon peut d'abord être mis en action. Voilà pourquoi j'ai cherché la manière d'établir, dans le sens que j'ai développé, la nomination de la Pairie.

La formule ci-dessous, au surplus, ne doit être considérée que comme un cadre où pourraient se placer d'autres services et d'autres nombres.

L'hérédité des Pairs est abolie ; ils sont à vie ; leur nombre est fixé à trois cents.

Ils sont divisés en cinq séries :

Celle royale,

Celle des députés,

Celle de la guerre et de la marine,

Celle des dignitaires,

Celle judiciaire.

La série royale est composée de cent membres ; chacune des autres, de cinquante.

La série royale se compose de Pairs nommés directement par le Roi, y compris les Pairs de droit, pris dans sa famille.

Ces Pairs sont choisis à la volonté du Roi dans tous les ordres de l'État ; mais s'ils sont dans la position d'arriver plus tard à l'une des quatre dernières séries indiquées ci-dessus, ils ne font point, lorsquils ont atteint les capacités nécessaires pour être admis, partie de cette série qui se recrute entière, et indépendamment d'eux, dans la catégorie des citoyens qui ont droit d'y prétendre.

Ces Pairs royaux, quoique députés, militaires, ministres, magistrats, élevés tout à coup à la Pairie par la volonté du prince, font donc ainsi nombre dans la série royale.

La seconde série est celle des députés, composée :

1° De tous présidents qui auront tenu le fauteuil pendant cinq années ;

2° Des députés qui auront siégé pendant le plus grand nombre d'années.

Les uns et les autres cessent alors naturellement leurs fonctions de députés, n'étant plus rééligibles.

En cas d'un nombre de députés, au delà de celui nécessaire pour compléter le nombre de cinquante, et ayant par le même nombre de sessions les mêmes droits à la Pairie, elle sera dévolue ou par rang d'âge, ou par la voie du sort, ou au scrutin secret.

Cette nomination prise dans la chambre élective, amènerait nécessairement à la Pairié partie des illustrations foncières, ou industrielles, ou du barreau, où publicistes, ou même littéraires.

La série de la guerre se compose :

1° De tous les maréchaux et amiraux ;

2° Le restant des cinquante, pris parmi les lieutenants généraux ou vice-amiraux retraités, et non en activité de service, les plus anciens dans le service du grade, et parmi tels ou tels officiers supérieurs de la garde nationale du royaume.

La série des dignitaires, se compose :

1° Des ambassadeurs ayant résidé cinq ans ;

2° Des ministres ayant tenu portefeuille cinq ans ;

3° Des conseillers d'état, ayant siégé dans les conseils pendant vingt-cinq ans ;

4° Le restant pris par rang d'années de service parmi les préfets.

La série judiciaire ne se compose que de magistrats inamovibles :

1° Des présidents de cour de cassation ;

2° Des présidents de cour royale, conseillers à la cour de cassation, etc., pris par rang d'âge jusqu'à complément.

Mesures transitoires.

Si la chambre ne contient que cent quatre-vingt-douze membres, il y en aura cent huit à nommer.

Pour cette fois seulement ces cent huit Pairs seront à la nomination du Roi, et pris indifféremment dans toutes les classes de citoyens.

Pour cette fois seulement aussi on sera, pour entrer dans une série, dispensé du nombre d'années de services nécessaire.

Ainsi tel citoyen qui aura tenu le portefeuille pendant quelques mois, sera, s'il est nommé Pair, compris dans la série des dignitaires.

Ces cent huit nouveaux Pairs se classeront naturellement dans leurs séries, même à inégalité de nombre. Ceux qui ne seront pas compris dans l'une des quatre séries dernières, le seront dans celle royale.

On pourra faire la même division parmi les cent quatre-vingt-douze Pairs actuels.

On formera ainsi une première base, un premier noyau de séries.

Au décès de chacun des Pairs classés déjà en séries, le Pair décédé sera remplacé par un citoyen pris dans sa série, et sous les conditions voulues par le projet.

Au décès de ceux des cent quatre-vingt-douze, qui resteront, après l'entrée de nombre d'entre eux dans les séries, le pair décédé sera remplacé par un citoyen pris dans la série qui aura le moindre nombre de pairs , et cela jusqu'à nivellement des séries.

Lorsqu'après un nombre quelconque de décès, les séries seront nivelées de façon à présenter , par exemple, quatre-vingts pour la série royale , et quarante pour chacune des quatre autres , ensemble deux cent quarante , les soixante Pairs restant à classer, et qui doivent être pris dans les décès du restant des cent quatre-vingt-douze seront répartis successivement dans l'ordre des séries: deux pour celle royale, et un pour chacune des quatre séries des députés , de la guerre, des dignitaires et des magistrats, de façon qu'à l'extinction du dernier pair des cent quatre-vingt-douze , les séries se trouvent dans les proportions demandées par le projet.

Quelques-unes de toutes ces dispositions peuvent être éclaircies, modifiées; mais nous répétons surtout que les nombres indiqués dans ces cadres peuvent être changés. On pourrait réduire à quarante, par exemple , les Pairs militaires et dignitaires, et porter à soixante ceux députés et magistrats. On pourrait encore ôter dix à vingt membres pris dans diverses séries pour les remplacer, dans des conditions déterminées à l'avance, par des hommes appartenant aux facultés et aux principaux corps littéraires de l'État.

FIN.